자기주도적 읽기 방법의 비밀 1

경기대학교 미래독서연구소 지음

KB188021

이 책은 단순히 읽기 위한 방법을 가르치는 데 그치지 않는다. 아이들이 어떤 책을 읽더라도 읽기 방법을 활용하여 글을 이해할 뿐 아니라, 자신의 생각과 의견을 가진 독자로 성장할 수 있도록 돕는 데 목적을 두었다. 그러므로 이 책은 능동적이며 창의적인 읽기 능력을 가진 학생으로 성장할 수 있는 '자기주도적 읽기 방법'의 교재로 활용될 수 있다.

자기주도적
읽기 방법의
비밀 1

경기대학교 미래독서연구소 지음

READING
SECRET

Σ 시그마프레스

자기주도적 읽기 방법의 비밀 1

발행일 2012년 1월 5일 1쇄 발행

저자 경기대학교 미래독서연구소
발행인 강학경
발행처 ㈜시그마프레스
편집 이상화
교정 · 교열 문수진

등록번호 제10-2642호
주소 서울특별시 마포구 성산동 210-13 한성빌딩 5층
전자우편 sigma@spress.co.kr
홈페이지 http://www.sigmapress.co.kr
전화 (02)323-4845~7(영업부), (02)323-0658~9(편집부)
팩스 (02)323-4197

ISBN 978-89-5832-989-3

머리말

『자기주도적 읽기 방법의 비밀』을 펴내면서……

독서의 중요성에 대한 인식이 확산되면서 아이들을 위한 다양한 책들이 출판되고 있고, 부모님들도 아이들에게 많은 책을 제공하는 데 아낌없이 투자하고 있다. 그러나 이렇게 훌륭한 독서 환경 속에서도 읽기에 대해 어려움을 호소하는 아이들이 많다. 책을 읽기는 했지만 무슨 내용인지 모르거나, 중심 내용을 찾지 못하거나, 배경지식이 부족하여 어려움을 겪기도 하는 등 여러 가지 사례가 많다. 부모님은 그럴 때마다 "꼼꼼히 좀 읽어 보렴. 좀 생각을 하면서 읽어야지!" 혹은 "다시 한 번 읽어 보고 중요한 문장에 밑줄을 그어 봐." 등 해결 방법이 될 수 없는 말만 되풀이한다. 속 시원하게 읽는 방법을 알려 주면 좋을 텐데 방법을 잘 알지 못하기 때문이다. 아이들이 책을 읽으면서 이러한 어려움을 겪고 있다면 부모님이나 지도 교사의 책임이다. 그러므로 아이들에게 좋은 책을 제공하는 것과 함께 글을 읽는 방법을 가르쳐 주어야 한다.

이런 문제점을 보완한 『자기주도적 읽기 방법의 비밀』은 교사, 학원, 방과 후 활동, 부모님들이 아이들에게 읽기 방법을 가르쳐 주기 위해 만들어진 교재로 총 세 권의 시리즈로 되어 있으며 기초 단계, 응용 단계, 심화 단계로 구성되어 있다.

교재를 활용하기 전에 각 전략에 대하여 충분히 읽어 보면 수업을 하는 데 많은 도움이 될 것이다.

전략 1 내적 대화. 글을 읽을 때 마음속에 떠오르는 생각을 글로 표현해 보는 읽기 방법이다. 교사가 글을 읽어 주면 아이는 그것을 듣고 자신의 마음속에서 생각나는 것을 메모지에 적는다. 마음속에서 대화한 것을 친구들 앞에서 발표하고 친구의 생각도 듣는다. 그러면 자연스럽게 친구와 자신의 생각을 비교할 수 있고, 똑같은 글을 읽고도 사람마다 다른 생각을 할 수 있다는 것을 알 수 있다.

전략 2 배경지식 활용하기. 이미 알고 있었던 지식이나 경험을 글과 연결하여 읽는 읽기 방법이다. 글을 읽기 전 아이가 이미 알고 있는 배경지식을 먼저 활동지에 적은 후 교사와 함께 글을 읽는다. 그래서 아이가 사전에 알고 있던 잘못된 지식을 고쳐 나가는 전략이다.

전략 3 질문하기. 글을 읽으면서 더 알고 싶거나 의문이 생기는 내용에 질문을 던지며 그 답을 찾아 가는 읽기 방법이다. 아이는 교사가 읽어 주는 글의 내용에 대해 스스로 질문하면서 내용을 명료화해 나갈 수 있다.

전략 4 그려 보기. 글의 의미를 파악하고 마음속에 떠오르는 시각적 이미지를 직접 그려 보는 읽기 방법이다. 교사가 읽어 주는 글을 듣고, 아이는 자신의 머릿속에서 그려지는 이미지를 그림으로 그려 보는 것이다. 이런 활동을 하면서 아이는 추론하는 능력을 키우게 된다.

전략 5 중심 내용 결정하기. 글에서 중요하다고 생각하는 정보를 아이 스스로 결정하며 읽는 읽기 방법이다. 즉 본문 내용을 자신의 언어로 재구성하는 활동을 뜻한다.

전략 6 요약하기. 글을 읽거나 들은 후, 읽은 내용에 대한 기억이나 회상을 다시 정리해 보는 방법이다. 교사가 읽어 주는 내용을 듣고, 요약하여 적어 보고, 다시 자신의 생각을 적어 보는 활동이다.

전략 7 종합하기. 글을 읽은 후 아이들의 다양한 생각을 새로운 지식과 결합시키고, 그 생각 속에서 정보를 새롭게 구성하는 활동을 말한다. 이때 단순히 정보를 수용하는 자세에서 벗어나 자기 나름의 관점에서 재구성할 수 있는 능력을 갖출 수 있다.

전략 8 추론하기. 추론은 글의 내용을 읽는 것뿐만 아니라 얼굴 표정을 읽고, 몸짓을 읽어내며, 표현과 어조를 읽어내는 것이다. 그래서 추론하기는 아이의 생각을 깊고 넓게 촉진시키며 해석의 길잡이가 될 수 있다.

그리고 위의 전략을 2개씩 묶어서 활동하는 '응용 단계'와 교과서와 연결한 '심화 단계'도 구성되어 있다. 이 책은 수업에 대한 해설지는 따로 만들지 않았다. 아이들과 '자기주도적 읽기 방법'으로 수업한 내용들을 참고할 수 있도록 본문에 실었기 때문이다. 또한 읽기 방법이 끝날 때마다 아이들 스스로 평가해 볼 수 있는 '평가하기' 부분이 있어서 배운 것을 다시 복습할 수 있다.

이 책은 단순히 읽기 위한 방법을 가르치는 데 그치지 않는다. 아이들이 어떤 책을 읽더라도 읽기 방법을 활용하여 글을 이해할 뿐 아니라, 자신의 생각과 의견을 가진 독자로 성장할 수 있도록 돕는 데 목적을 두었다. 그러므로 이 책은 능동적이며 창의적인 읽기 능력을 가진 학생으로 성장할 수 있는 '자기주도적 읽기 방법'의 교재로 활용될 수 있다.

경기대학교 미래독서연구소의 연구진과 봄, 여름, 가을, 겨울 사계절을 함께하며 서로에게 아낌없는 칭찬과 격려 속에 이 책을 완성하였다. 그동안 읽기 방법을 몰라 애먹었을 아이들에게 선물을 준 것 같아 가슴이 따뜻해진다. 또한 많은 조언과 격려를 해 주신 이준희 교수님께 감사드리며 경기대학교 문화예술대학원 독서지도학과 선배님, 동기, 후배님들께도 감사드린다.

경기대학교 미래독서연구소장 김 태 옥

추천의 글

최근 교육 현장에서 관심의 대상으로 떠오르고 있는 것이 바로 '자기주도 학습'이다. 자기주도 학습은 학습을 계획하고 실천하고 평가하는 모든 과정을 학생 스스로가 주도적으로 실천하는 것을 의미한다. 학습 방법에 대한 이러한 변화는 다양하고 광범위한 지식과 정보를 주도적으로 활용할 수 있는 인재를 요구하는 현대 사회의 바람을 반영한 결과라 하겠다.

이러한 시대적 흐름을 반영하듯 시중 서점에는 자기주도적 학습과 관련된 다양한 책들이 쏟아져 나오고 있다. 이 책들은 자기주도 학습을 위한 절차나 방법들을 다각적으로 제시하고 있다. 많은 경험자들의 성공 사례는 학생들에게 조언과 자극을 주기에 충분하다.

그러나 효율적인 자기주도 학습을 실현시키기 위해서는 읽기 능력이 바탕이 되어야 함을 간과해서는 안 된다. 읽기는 모든 학습의 기본이 되는 능력이다. 자기주도 학습의 실천은 우수한 읽기 능력을 요구한다. 물론 대부분의 학생들은 글을 읽을 줄 안다. 그러나 학습을 위한 읽기는 단순히 글을 읽는 것만으로는 부족하다. 글을 읽고 이해할 수 있어야 하며 핵심 내용이 무엇인지 파악할 수 있어야 한다. 또한 글의 내용을 분석하고 비교할 수 있는 읽기 전반에 관한 능력이 있어야 한다. 이러한 능력이 바탕이 되어야 교과서를 읽고 내용을 이해하고 중요한 핵심을 찾아 노트 정리를 할 수 있다. 필요에 따라서는 다양한 정보와 자료를 수집하고 비교 분석해서 교과서의 내용을 보충할 수 있는 것이다.

독서에 대한 관심이 높아지면서 읽기 환경이 좋아지고 있는 것이 사실이다. 그러나 읽기 방법의 문제로 책을 읽어도 제대로 기억을 하지 못하거나 책의 내용을 충분히 이해하지 못하고 넘어가는 학생들이 많다. 읽기 방법 전반에 대한 지도와 수정이 요구되는 부분이다.

이 책은 읽기에 어려움을 겪는 많은 학생들에게 희망의 메시지를 전하고 있다. 글을 읽는 방법인 읽기 전략을 제시하고 있기 때문이다. 읽기 전략은 학습자가 다양한 접근 방법을 활용해서 글과 상호작용을 함으로써 글을 이해하고 적극적으로 사고할 수 있도록 돕는 방법을 말한다.

이 책은 기존에 연구되거나 발표된 다양한 읽기 전략 중 핵심적인 전략들을 선별한 것이다. 학생들 스스로 전략을 익히고 예시 글을 통해서 직접 활용해 볼 수 있도록 구성하였다. 책에서 소개하고 있는 '내적 대화', '질문하기', '배경지식 활용하기', '그려 보기', '중심 내용 결정하기', '요약하기' 등의 다양한 전략들은 자기주도적으로 읽는 방법이 무엇인지를 자세히 알려 주고 있다. 학생들은 하나하나의 전략을 익혀 가면서 생각하며 읽는다는 것이 무엇인지, 글의 핵심을 찾는 방법이 무엇인지 자연스럽게 학습할 수 있다.

이 책을 마치는 순간 학생들은 읽기에 대한 자신감이 생기게 될 것이다. 이 자신감은 학습에 대한 자신감으로 이어져 자기주도적 학습 능력이 뛰어난 21세기의 유능한 학습자로 거듭나게 될 것이다.

경기대학교 국어국문학과 교수 이 준 희

차례

1 기초 단계

첫 번째 전략

내적 대화

내적 대화란?

글을 읽을 때 마음속에 떠오르는 생각을 글로 표현해 보는 읽기 방법이다.

글을 읽다 보면 다양한 생각이 떠오른다. 어떤 글에서는 스스로에게 질문을 하기도 하고, 어떤 글에서는 자신이 알고 있던 사실과 연결시켜 보기도 한다. 이렇게 독자가 글을 읽는 동안 일어나는 글의 내용에 대한 독자의 반응을 내적 목소리라고 한다. 이 내적 목소리는 독자들이 자신의 독해를 점검하게 한다. 내적 대화란 이러한 내적 목소리를 자기 스스로 인식하고 표현해 보는 활동으로 생각과 글을 연결하여 읽을 수 있는 자기주도적 읽기의 기초가 된다.

집중이   산만이

🔍 교사 참고사항

1 글을 읽기 전, 교사는 학생들에게 '내적 대화'에 대해 설명한다.
2 학생의 이해를 돕기 위해서 교사가 먼저 예문을 통해 시범을 보여 준다.
3 교사는 학생의 생각을 자유롭게 적도록 집중시킨다.
4 교사는 학생의 '열린 사고'를 위해 답이 정해지지 않은 것에서부터 구체적인 생각을 할 수 있게 특정한 장면에 대해서 이야기하도록 지도한다.
5 학생들이 교사의 시범을 활용하여 직접 글을 읽을 수 있도록 지도한다.
6 교사는 접착식 메모지를 미리 준비해 둔다.

🔍 '내적 대화' 적용 방법

1 학생은 선생님께서 읽어 주는 글을 들어 본다.
2 글을 들으면서 마음속에 떠오르는 대화에 집중해 본다.
3 집중한 생각을 접착식 메모지에 적는다.
4 메모지에 적은 글을 읽은 후, 친구들과 함께 그것에 대해 이야기를 나눠 본다.
5 선생님과 함께 평가의 시간을 가진다.

읽기 방법 미리 보기

1 다음은 '내적 대화'를 활용한 예입니다. 자료를 보면서 '내적 대화' 전략 방법을 알아보세요.

삼각자는 왜 연필이 몸에 닿는 것이 싫었을까?

아하! 나도 누군가가 내 몸에 닿으면 싫은데 그것과 비슷하겠구나!

기분이 좋으면 휘파람을 불게 되는구나! 나도 그렇게 하고 싶다. 하지만 나는 휘파람을 못 분다. 삼각자가 부럽다.

둥근 자가 어디로 굴러갔는지 궁금하다. 그리고 나도 둥근 자처럼 빨리 움직이고 싶다. 왜냐하면 나는 아침마다 늦게 일어나서 엄마한테 야단을 맞기 때문이다. 둥근 자처럼 빨리 움직이면 야단도 안 맞을 텐데…

모서리가 무엇일까? 선생님께 여쭈어 보아야겠다.

둥근 자는 어디로 굴러갔길래 여름이 다가와도 돌아오지 않았을까? 궁금하다. 나는 멀리 가면 무섭다. 그리고 엄마가 보고 싶어서 그렇게 하지도 못한다.

첫 번째 전략 : 내적 대화 **17**

2 선생님과 함께 글을 읽고 '내적 대화' 적용 방법을 익혀 보세요.

삼각자 안에 둥근 자가 들어간 이유

여러분!

여러분이 가지고 있는 삼각자를 보세요. 그 안에 둥근 자가 들어가 있죠?

왜 그렇게 되었는지 궁금하지 않나요?

지금부터 그 이유를 들려 줄게요.

옛날 옛적에 삼각자가 필통 안에서 살고 있었어요.

필통 안에는 연필과 지우개 등이 같이 몸을 부비며 살았죠.

그런데 언제부턴가 삼각자는 필통 안이 답답하고 싫었어요.

그리고 연필이 자기 몸에 닿아서 줄을 긋는 것도 지겨웠지요.

그래서 아무도 모르게 필통 속을 빠져나왔어요.

밖은 화창한 봄날이라 눈이 부셨어요.

삼각자는 휘파람을 불면서 개나리 넝쿨 사이로 걸어갔죠.

그때 멀리서 무엇인가 굴러오더니 삼각자 앞에 딱! 멈추어 섰어요.

삼각자가 자세히 살펴보니 둥글게 생긴 것이었어요.

"어? 너는 누구니?"

"나? 둥근 자야. 너, 몰랐어? 자들 중에서 가장 빨리 걸을 수 있는 나를 모른단 말이야?"

그러면서 둥근 자는 쌩하니 굴러 가버렸어요.

어찌나 둥근 자의 속도가 빠른지 삼각자는 깜짝 놀랐어요.

주위를 둘러보고 필통으로 다시 돌아온 삼각자는 자신도 둥근 자처럼 빨리 움직여서 지겨운 필통 속에서 달아나고 싶었어요.

그래서 둥근 자가 왜 그렇게 빠른지 생각했지요.
'아하! 모서리가 없어서 그렇구나!'

삼각자는 그때부터 둥근 자처럼 되기 위해서 자신의 모서리를 갈기 시작했어요.
하지만 삼각자가 아무리 자신의 모서리를 갈아도 둥근 자의 모양이 나오지 않았어요.

'어? 어떻게 된 거지?'

삼각자는 실망했어요.

'어떻게 하면 될까?'

삼각자는 골똘히 생각했어요.
궁리 끝에 삼각자는 둥근 자를 만나기로 했어요.
그런데 둥근 자는 개나리꽃이 지고, 여름이 다가와도 만날 수 없었어요.

▶ 접착식 메모지에 써 넣기(접착식 메모지가 없을 땐 타원형 안에 글을 쓴다.)

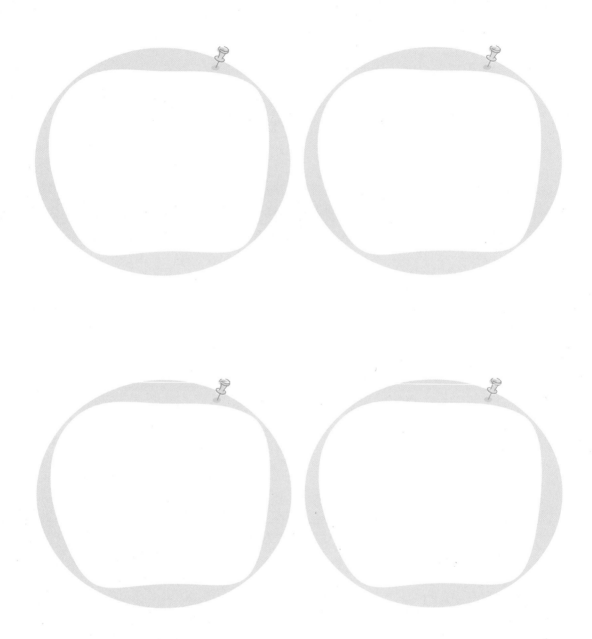

③ 아래 글을 선생님과 함께 읽고 '내적 대화' 방법을 적용해 보세요.

'어떻게 된 걸까?'
삼각자는 생각했어요.

'혹시 아픈 것은 아닐까?'
삼각자는 걱정을 하면서 둥근 자를 기다렸어요.

매미 소리가 점점 약해지고, 귀뚜라미 소리가 들리는 가을이 되었어요.
거리는 낙엽들이 뒹굴고 있었지요.
그때 낙엽들 사이로 작고 힘없는 꼬마 둥근 자가 삼각자 앞을 지나가고 있었어요.

"너? 혹시? 봄에 보았던 그 둥근 자 아니니?"
"응, 맞아."
"그런데 왜 그렇게 힘이 없고 작아졌니?"
"여행을 너무 많이 다녀서 그래. 이제는 지쳤어. 쉬고 싶어."
"난 너처럼 되고 싶어서 이렇게 모서리를 갈고 있었는데?"
"그러지 마! 그러면 나처럼 이렇게 힘들어져. 나는 내가 멈추고 싶어도 계속 굴러 가니까 죽을 것 같아. 그리고 이렇게 닳아서 작아졌잖아! 계속 이렇게 여행을 다니다가 닳아서 몸이 없어질지도 몰라."
둥근 자는 정말 힘이 들어 보였어요.
삼각자는 둥근 자의 지친 모습을 보면서 둥근 자가 되기 위해서 자신의 몸을 간 것을 후회했어요.

삼각자는 갑자기 둥근 자가 가엾어지기 시작했어요.

그래서 둥근 자를 안아 주었지요.
"고마워, 나 졸려."
둥근 자는 삼각자의 품에 안겨 잠이 들었어요.

다음 날, 둥근 자는 삼각자에게 말했어요.
"나, 너의 품에서 살고 싶어. 몸이 이렇게 고정되니까 아무 데나 구르지 않아 좋아."
그래서 삼각자도 둥근 자와 필통 안에서 행복하게 살기로 했어요.

▶ 접착식 메모지에 써 넣기(접착식 메모지가 없을 땐 사각형 안에 글을 쓴다.)

1. '삼각자 안에 둥근 자가 들어간 이유'를 듣고, 무슨 생각이 들었는지 발표해 보세요.
2. 친구가 말할 때 잘 들어 보세요.

4 아래 질문을 통해 오늘 수업을 평가해 보세요.

① 선생님께서 글을 읽어 주실 때 마음속으로 대화를 할 수 있습니다.

예(   )

아니요(   )

② 자신의 생각을 접착식 메모지에 적어 보니 어떠했나요?

③ 친구가 말을 할 때 열심히 들을 수 있습니다.

예(   )

아니요(   )

④ '내적 대화'한 것을 친구들 앞에서 발표할 수 있습니다.

삼각자는 왜 둥근 자 처럼 되고 싶었을 까?

삼각자가 어떻게 스스로 모서리를 갈지?

삼각자의 모서리를 갈았는데 왜 둥근 자 모양이 되지 안았지?

둥근 자는 어디로 갔을까?

1 '삼각자 안에 둥근 자가 들어간 이유'를 듣고, 무슨 생각이 들었는지 발표해 보세요.

2 친구가 말할 때 잘 들어 보세요.

삼각자는 연필이 자기 몸에
닿는 걸 싫어했는데
왜 돌아갔을까?

둥근자가 굴르면
닳아서 작아지는구나.

나뭇잎이 어떻게 딩굴
지?

삼각자가 둥근자를
안 앉는데 어떻게 둥근자가
삼각자 속으로 들어갔지?

4 '내적 대화'를 익힌 후 생각이 얼마나 자랐는지 볼까요?

(1) 선생님께서 글을 읽어 주실 때 마음속으로 대화를 할 수 있습니다.

예(✓)
아니요(　　　)

(2) 자신의 생각을 접착식 메모지에 적어 보니 어떠했나요?

생각을 잘 전달할 수 있었다.

(3) 친구가 말을 할 때 열심히 들을 수 있습니다.

예(✓)
아니요(　　　)

(4) '내적 대화'한 것을 친구들 앞에서 발표할 수 있습니다.

예, 내 생각을 발표하는 것이
좋기 때문입니다

배경지식 활용하기

배경지식 활용하기란?

학생이 기존에 알고 있는 지식이나 경험을 글과 연결하여 읽는 읽기 방법이다.

학생들은 특정 영역에 대한 배경지식이 있을 때 자신이 읽고 있는 새로운 정보에 대해서 더 완벽하게 이해할 수 있다. 배경지식은 학습과 이해의 모든 측면에 영향을 미친다. 특히 주제에 대한 배경지식이 많을수록 글은 훨씬 더 쉽게 이해된다.

따라서 배경지식을 활용하여 글을 읽으면 글의 예측이 가능해져 글에 대한 흥미가 생기고, 본문 내용의 이해뿐 아니라 글 읽는 속도 역시 빨라지게 된다.

🔍 교사 참고사항

1 이 전략은 알고 있는 것과 배우는 것을 연결하는 것이다.
2 교사는 학생들이 '전에 알았던 것'을 쓴 후 잘못 알고 있던 것을 바로 잡아 준다.
3 정보를 학생들만의 대화로 말하게 하고 그들만의 생각으로 하도록 돕는다.
4 학생이 친구들과 토의하면서 새로운 것을 배우게 한다. 교사는 학생들이 토의할 때 정확하게 하는지 살피고 서로 지식을 교환하도록 돕는다.

🔍 '배경지식 활용하기' 적용 방법

1 학생은 글을 읽기 전에 선생님이 들려 주는 핵심단어를 듣고, 그 단어에 대해 알고 있는 것을 생각하고 이야기해 본다.
2 활동지에 제시된 질문을 읽고 '전에 알았던 것' 칸에 이미 알고 있거나 경험했던 내용을 적어 본다.
3 전에 알았던 것이 완성되었다면, 교재에 있는 글을 읽어 본다.
4 글을 읽은 후 질문에 대해 새롭게 알게 된 내용을 활동지의 '새롭게 배운 것' 칸에 적어 본다.
5 '전에 알았던 것'과 '새로 배운 것'을 비교해 본다.
6 비교한 결과를 발표한 후 선생님과 함께 오늘 수업을 평가해 본다.

 배경지식을 향상시키는 자료에는 책, 토론, 자신의 직접·간접 경험, 뉴스보도, 잡지, 인터넷, 가족들과 식탁에 앉아서 이야기하는 것까지 모두가 포함된다.

1 다음은 '배경지식 활용하기'를 활용한 예입니다. 자료를 보면서 '배경지식 활용하기' 전략 방법을 알아보세요.

세포에 대해 얼마나 알고 있나요?

질문	전에 알았던 것	새롭게 배운 것
1. 우리 몸에는 여러 가지 세포가 있습니다. 약 몇 가지가 있을까요?	대충 100개?	200가지
2. 근육세포는 어떻게 생겼을까요?	소고기처럼 생겼을 것 같다.	기다란 끈
3. 피부세포는 어떻게 생겼을까요?	하얗게 생겼다.	주사위 모양
4. 뼈세포는 어떻게 생겼을까요?	딱딱한 나무처럼 생겼을 것 같다.	가시가 난 것처럼
5. 세포는 작아서 우리 눈으로 볼 수가 없어요. 무엇으로 볼 수 있나요?	돋보기	현미경
6. 세상에서 가장 큰 세포는 무엇일까요?	공룡 알?	타조 알

🔵 '전에 알았던 것'은 글을 읽기 전에 쓰고, '새롭게 배운 것'은 글을 읽고 난 후에 쓰세요.

2 아래 표에 '전에 알았던 것'을 먼저 쓰고, 뒷장의 글을 읽고 '새롭게 배운 것'을 써 보세요.

세포에 대해 얼마나 알고 있나요?

질문	전에 알았던 것	새롭게 배운 것
1. 우리 몸에는 여러 가지 세포가 있습니다. 약 몇 가지가 있을까요?		
2. 근육세포는 어떻게 생겼을까요?		
3. 피부세포는 어떻게 생겼을까요?		
4. 뼈세포는 어떻게 생겼을까요?		
5. 세포는 작아서 우리 눈으로 볼 수가 없어요. 무엇으로 볼 수 있나요?		
6. 세상에서 가장 큰 세포는 무엇일까요?		

조금 더 알아 두기

1. 뒷장에 있는 글을 읽은 뒤에 새롭게 배운 것을 적어 본다.
2. 교사는 세포에 대한 핵심 단어(근육세포, 피부세포, 뼈세포)에 대해서 설명하고, 학생의 이야기도 들어 본다.
3. '전에 알았던 것'에 대해서 아는 것이 없을 때는 '모른다'라고 쓴다.

우리 몸에는 여러 가지 세포가 있습니다.

약 200가지가 됩니다.

세포들은 저마다 모양이 다릅니다.

근육세포는 기다란 끈처럼 생겼습니다.

피부세포는 작은 주사위 모양으로 생겼습니다.

뼈세포는 삐죽삐죽 가시가 난 것처럼 보입니다.

하지만 세포는 너무 작아서 눈으로 볼 수 없습니다.

그래서 현미경으로 보아야 합니다.

하지만, 새알의 노른자는 우리 눈으로 볼 수 있습니다.

그래서 타조 알의 노른자가 세상에서 가장 큰 세포라고 할 수 있습니다.

1 '새로 배운 것'과 '전에 알았던 것'을 비교해 보세요.

2 비교한 것을 발표해 보세요.

3 아래 표에 '전에 알았던 것'을 먼저 쓰고, 뒷장의 글을 읽고 '새롭게 배운 것'을 써 보세요.

일개미가 어떻게 태어났는지 알고 있나요?

질문	전에 알았던 것	새롭게 배운 것
1. 수개미가 날아올랐을 때는 어느 계절입니까?		
2. 여왕개미들과 수개미들이 날아오르는 것은 무엇을 하기 위한 것입니까?		
3. 짝짓기를 끝낸 수개미는 어떻게 됩니까?		
4. 짝짓기가 끝나고 홀로 집을 지을 곳을 찾아가는 것은 어느 개미입니까?		
5. 여왕개미가 입으로 작은 굴을 파고 무엇을 낳습니까?		
6. 몸집은 여왕개미보다 작지만 타고난 일꾼인 개미를 무엇이라 부릅니까?		

초여름이 되면 수개미들은 공중을 날아오릅니다.

여왕개미도 수개미처럼 높이 날아오릅니다.

왜 그럴까요?

그것은 개미들이 짝짓기를 하려고 하는 것입니다.

짝짓기를 끝낸 수개미는 기운을 잃고 죽습니다.

하지만 여왕개미는 필요 없게 된 날개를 떼어 내고 홀로 집을 지을 곳을 찾습니다.

여왕개미는 입으로 작은 굴을 파고 알을 낳기 시작합니다.

처음엔 열 개쯤 낳습니다.

하지만 점점 더 많은 알을 낳게 됩니다.

알을 낳은 여왕개미는 알과 고치를 정성껏 돌봅니다.

곰팡이가 슬거나 마르지 않게 하기 위해서 이리저리 옮겨 놓기도 하고. 핥아 주기도 합니다.

여왕개미는 고치를 뜯어 개미가 나오는 것을 도와줍니다.

그리고 자기 몸속에 있는 영양분을 먹여 주기도 합니다.

이렇게 해서 태어난 개미들은 모두 일개미입니다.

몸집은 여왕개미보다 작습니다.

1. '새로 배운 것'과 '전에 알았던 것'을 비교해 보세요.
2. 비교한 것을 발표해 보세요.

4 아래 질문을 통해 오늘 수업을 평가해 보세요.

① 핵심 단어를 듣고, 예전에 알고 있는 것을 생각할 수 있습니다.

② '전에 알고 있던 것'이 정확했는지 정확하지 않았는지 (∨)해 보세요.

  1) 정확했다. (   )
  2) 정확하지 않았다. (   )

③ '전에 알았던 것'과 '새로 배운 것'을 비교할 수 있습니다.

  예 (   )
  아니요 (   )

 활동결과물

김민서

세포에 대해 얼마나 알고 있나요?

질문	전에 알았던 것	새롭게 배운 것
1. 우리 몸에는 여러 가지 세포가 있습니다. 약 몇 가지가 있을까요?	100가지 정도	200가지
2. 근육세포는 어떻게 생겼을까요?	울퉁불퉁한 모양	기다란 끈 모양
3. 피부세포는 어떻게 생겼을 까요?	하얀색, 살색	작은 주사위 모양
4. 뼈세포는 어떻게 생겼을까요?	아주 딱딱하다	비쭉비쭉 가시 모양
5. 세포는 작아서 우리 눈으로 볼 수가 없어요. 무엇으로 볼 수 있나요?	현미경	현미경
6. 세상에서 가장 큰 세포는 무엇일까요?	타조 알	타조 알 (노른자)

이준호

일개미가 어떻게 태어났는지 알고 있나요?

질문	전에 알았던 것	새롭게 배운 것
1. 수개미가 날아올랐을 때는 어느 계절입니까?	초여름	초여름
2. 여왕개미들과 수개미들이 날아오르는 것은 무엇을 하기 위한 것입니까?	짝짓기	짝짓기
3. 짝짓기를 끝낸 수개미는 어떻게 됩니까?	죽는다.	죽는다
4. 짝짓기가 끝나고 홀로 집을 지을 곳을 찾아가는 것은 어느 개미입니까?	여왕개미	여왕개미
5. 여왕개미가 입으로 작은 굴을 파고 무엇을 낳습니까?	알	알
6. 몸집은 여왕개미보다 작지만 타고난 일꾼인 개미를 무엇이라 부릅니까?	일개미	일개미

세 번째
전략

질문하기

질문하기란?

글을 읽으면서 더 알고 싶거나 의문이 드는 내용에 질문을 던지며 그 답을 찾아 가는 읽기 방법이다. 훌륭한 독자는 질문을 잘하는 사람이다. 질문은 이해에 이르게 하는 핵심 열쇠이며 이해되지 않는 내용에 대해 답을 찾을 수 있도록 도와준다. 또한 질문은 탐구하고자 하는 노력을 자극한다.

　질문하기의 종류는 크게 읽기 전에 읽을 내용에 대하여 질문하기와 읽으면서 질문하기로 나눌 수 있다. 읽기 전 질문하기는 책 제목이나 표지, 목차 등을 훑어보면서 하게 되는 질문으로 책에 대한 궁금증과 관심을 높여 주고, 책을 읽으면서 답을 찾아 가는 과정에서 깊은 독서를 할 수 있도록 돕는다. 또한 읽으면서 질문하기는 학생들이 글을 읽는 중에 생기는 질문으로 읽는 중에 답을 찾을 수도 있고, 다른 곳에서 답을 찾아야 하는 경우도 있다. 학생들이 자신의 질문에 대한 답을 찾아 가는 과정에서 폭넓은 독서 경험을 할 수 있다.

교사 참고사항

1 교사는 글을 읽기 전에 예시 글을 활용하여 '질문하기'에 대해 설명한다.

2 학생들의 이해를 돕기 위해 교사가 먼저 시범을 보인다.

3 학생들이 독서 전·중·후에 스스로 질문을 생각하도록 지도한다.

4 학생들이 직접 전략을 활용하여 글을 읽을 수 있도록 한다.

'질문하기' 적용 방법

1 학생은 선생님이 준비한 질문을 읽고, 글에서 답을 찾아 적어 본다.

2 글을 읽고 난 후 새로 알게 된 점과 궁금한 점을 적어 본다.

3 활동지가 완성되면 선생님께 답을 확인받는다. 만약 활동지에 작성한 답이 틀렸다면 다시 한 번 글을 읽고 답을 찾아 적는다.

4 위 활동이 끝나면, 글을 읽고 학생이 직접 문제를 만들어 본다. 문제를 다 만들었다면 친구들과 함께 정답 맞히기 게임을 한다.

5 오늘 활동한 수업에 대해 선생님과 함께 평가하는 시간을 가져 본다.

1 아래 글은 '질문하기'를 활용한 예입니다. 자료를 보면서 '질문하기' 전략 방법을 알아보세요.

질문 만들기

번호	질문	정답
1	우리 생활에 필요한 물건의 재료는 주로 무엇인가요?	나무
2	사과, 오렌지, 배, 감, 복숭아, 호두 등은 나무의 무엇인가요?	열매
3	카카오나무 씨로 만드는 것은 무엇인가요?	초콜릿
4	나무로 만들어지는 것에는 무엇이 있나요?	책상, 의자, 탁자 등
5	나무를 잘게 썬다 → 화학약품을 섞어서 끓인다 → 펄프가 된다. 이것은 무엇을 만드는 순서인가요?	종이
6	종이는 무엇으로 만드나요?	펄프

번호	새로 배운 것	궁금한 점
1	초콜릿을 카카오 씨로 만든다는 것을 알았다.	딱딱한 카카오 씨가 어떻게 부드러운 초콜릿이 되지?
2	종이를 나무로 만든다는 것을 알았다.	나무로 많은 것을 만드니까 나무를 다 사용하면 어떻게 되지?
3	호두도 나무에서 나온다는 것을 알았다.	호두가 나무에 매달려 있을 때도 딱딱할까?
4	나무에서 나오는 것이 수액이라는 것을 알았다.	우리가 사는 것은 몸에 피가 있어서인데 나무도 수액이 있어서 사는 것일까?
5	나무의 수액으로 시럽을 만든다는 것을 알았다.	우리가 먹는 감기약이 수액과 같은 것일까?

읽기 방법 익히기

2 아래 글을 '질문하기'를 활용하여 익혀 보세요.

여러분, 지금 주위에 있는 물건들을 둘러보세요.

무엇이 보이나요? 책상? 의자? 책장? 탁자?

그것들은 무엇으로 만든 것일까요?

그래요. 나무예요.

나무는 이렇게 우리의 생활에 필요한 물건들을 만드는 데 사용돼요.

그러면 나무가 우리에게 주는 것이 무엇인지 생각해 볼까요?

힌트를 드릴까요? 책, 공책, 신문, 잡지, 휴지, 과자 상자, 우유 팩 등.

맞아요. 종이예요.

종이도 나무로 만들어요.

어떻게 나무로 종이를 만드는지 궁금하죠?

그럼 살펴보기로 해요.

나무를 잘게 썬다 → 화학 약품을 섞어서 끓인다 → 펄프가 된다.

펄프는 종이나 판지를 만드는 데 쓰여요.

그래서 책, 공책, 신문, 잡지, 휴지, 과자 상자, 우유 팩 등을 만들죠.

그리고 나무는 우리에게 먹을 것도 줘요. 바로 열매예요.

감, 사과, 밤, 오렌지, 대추, 배, 복숭아, 호두 …….

우리가 좋아하는 초콜릿도 나무에서 나와요.

초콜릿은 카카오나무 씨로 만들거든요.

우리가 좋아하는 껌도 나무에서 나와요.

그것은 나무의 수액으로 만들죠.

수액으로는 시럽도 만들 수 있어요.
또 페인트를 묽게 할 때에도 쓰이죠.

이렇게 나무는 우리에게 많은 것을 줘요.
더울 땐 그늘도 주고, 공기도 맑게 해 주죠.

 교사는 글을 읽기 전에 학생들에게 나무에 대해서 이야기한다.

1 위의 글을 읽기 전에 선생님 말씀을 잘 들어 보세요.
2 선생님 말씀을 듣고 질문에 답해 보세요.
3 새로 배운 것과 궁금한 점을 활동지에 써 보세요.

질문 만들기

번호	질문	정답
1	페인트를 묽게 할 때 쓰이는 것은 무엇인가요?	
2	사과, 오렌지, 배, 감, 복숭아, 호두 등은 나무의 무엇인가요?	
3	카카오나무 씨로 만드는 것은 무엇인가요?	
4	나무로 만들어지는 것은 무엇인가요?	
5	나무에서 나오는 수액으로 무엇을 만들 수 있나요?	
6	종이는 무엇으로 만드나요?	

번호	새로 배운 것	궁금한 점
예)	수액이 나오는 나무가 있다는 것을 알게 되었다.	예) 나무는 수액을 어떻게 만들까?
1		
2		
3		
4		

 학생이 내용을 기억하지 못하면 다시 한 번 읽어 준다.

3 아래 글을 읽고, 활동지에 여러분이 직접 문제를 내 보세요.

산, 들, 바다는 자연입니다.
자연은 우리에게 살아갈 터전을 줍니다.
그것을 산촌, 농촌, 어촌이라고 합니다.
산과 들에는 논과 밭이 있어서 농사를 짓는데 바다에도 밭이 있을까요?

네. 있습니다.
바로 갯벌입니다.
물이 빠지면 뻘밭이 훤히 드러나기 때문에 그것을 바다의 밭이라고 합니다.

그래서 어촌에 사는 사람들은 갯일을 하면서 삽니다.
굴도 따고, 게도 잡습니다.
바지락도 캡니다.
파래도 뜯습니다.

그리고 바지락이 많이 나는 곳을 바지락 바탕이라고 합니다.
그러니까 바지락 바탕은 바로 바지락의 밭이지요.
바지락 바탕에는 갯바닥에 바지락 구멍이 많이 나 있습니다.
이것을 바지락이 눈을 떴다고 합니다.

굴밭도 있습니다.
굴밭에서는 맛있는 조개도 많이 나옵니다.
살조개도 나고, 떡조개도 나고, 비단가리비도 나옵니다.

이렇게 갯벌은 우리에게 주는 것이 많이 있습니다.

 위의 글을 읽기 전에 교사는 갯벌에 대해서 학생들에게 이야기한다.

▶ 궁금한 점을 활동지에 적어 보세요.

질문 만들기

번호	질문	정답
예)	바다의 밭을 무엇이라고 하나요?	갯벌
1		
2		
3		

번호	새로 배운 것	궁금한 점
예)	바지락이 많이 나는 곳을 바지락 바탕이라고 한다.	바지락 바탕에서 칼국수를 해 먹으면 무슨 맛일까?
1		
2		
3		
4		

4 아래 질문을 통해 오늘 수업을 평가해 보세요.

① 글을 읽고, 선생님께서 만들어 준 질문과 직접 만든 질문 중 어떤 것이 더 어려웠나요?

선생님의 질문 ▶

나의 질문 ▶

② 책의 궁금한 점을 질문하니까 어떤가요?

| 이해하기 쉬웠다 | 보통이다 | 모르겠다 |

③ 친구의 질문과 비교하니까 어떤가요?

| 이해하기 쉬웠다 | 보통이다 | 모르겠다 |

질문 만들기

번호	질문	정답
예)	바다의 밭을 무엇이라고 하나요?	갯벌
1	바지락이 많이 나는 곳은?	바지락 바탕
2	조개가 많이 나오는 곳은?	굴 밭
3	물이 빠지면 드러나는 것은?	갯벌

번호	새로 배운 것	궁금한 점
예)	바지락이 많이 나는 곳을 바지락 바탕이라고 한다.	바지락 바탕에서 칼국수를 해 먹으면 무슨 맛일까?
1	산촌, 농촌, 어촌을 알게 되었다.	산촌이 뭐지?
2	갯벌을 잘 알게 되었다.	갯벌에는 뭐가 있을까?
3	조개의 종류를 알게 되었다.	바지락, 살 조개, 떡조개, 비단 가리비가 뭐지?
4	어촌에 사는 사람들을 갯일을 하는 것을 알게 되었다	갯일이 뭐지?

네 번째
전략

그려 보기

그려 보기란?

글의 의미를 파악하기 위해 마음속에 떠오르는 시각적 이미지를 직접 그려 보는 읽기 방법이다.

독해에 능숙한 학생은 글을 읽을 때 모든 감각을 동원하여 이미지를 만들어 낸다. 글을 읽으면서 그려 보기를 하면, 자신에게만 속해 있는 마음속의 그림들을 마음껏 상상해 낼 수 있다. 이런 활동은 학생들에게 글 읽는 기쁨을 가져다준다.

따라서 그려 보기 활동을 통해 학생들은 감각적 상상력을 자극받게 된다. 나아가 여러 요소들(단어, 그림, 사건 등)이 어떻게 어울려 글 구조를 형성해 내는지 깨닫게 된다.

🔍 교사 참고사항

1 '그려 보기'는 삽화 속의 단서를 가지고 마음속에서 창작해 낸 그림과 결합하여 의미를 만들어 내는 것이다. 그래서 '생생한 자료'를 통해 추론하는 것이다.

2 교사는 학생들에게 읽을 수 있는 글을 제시하고, 그 글을 읽으면서 머리에 떠오르는 생각을 그림으로 그리도록 한다.

3 교사는 학생들에게 그림을 잘 그리는 것보다 글을 이해하는 도구로 그림을 활용하는 것이라는 사실을 알린다.

🔍 '그려 보기' 적용 방법

1 선생님이 글에서 세부적으로 묘사된 부분을 읽어 줄 때 학생들은 눈을 감고 장면을 시각적으로 상상해 본다.

2 선생님은 읽은 부분에 대해서 학생들에게 질문을 한다.

3 상상한 것에 대해 친구들과 이야기를 나눈다(토의).

4 상상한 것을 활동지에 그려 보게 한다.

5 선생님과 함께 평가의 시간을 가져 본다.

'그려 보기'를 할 때는 글자 없는 그림책으로 하는 것도 효과적이다. 왜냐하면 책 속의 그림을 보면서 내용을 추론해 볼 수 있기 때문이다.

읽기 방법 미리 보기

1 다음은 '그려 보기'를 활용한 예입니다. 자료를 보면서 그려 보기 전략 방법을 알아
보세요.

다음 도서는 '그려보기와 추론하기 전략'을 활용한 예입니다. 도서를 보면서 전략 활용 방법을 알아봅니다.

<황소 아저씨>, 글 권정생, 그림 정승각, 길벗어린이

한밤중이에요.
황소 아저씨네 추운 외양간에 하얀 달빛이 비치었어요.
둥그런 보름달님이 은가루 같은 달빛을 쏟아 놓은 거에요.

황소 아저씨는 보릿집에 주둥이를 파묻고 쌕쌕 숨소리를 내며
잠들어 있었어요.

생쥐 한 마리가 외양간모퉁이 벽 뚫린 구멍으로
얼굴을 쏙 내밀었어요.
쪼끄만 두 눈이 반짝반짝했어요.

생쥐는 쪼르르 황소 아저씨 등을 따고 저기 구유쪽으로 달려갔어요.

장면 생각해서 그리기

2 아래 글을 선생님께서 읽어 주시면 내용을 머릿속에서 그려 봅니다. 상상한 그림을 그리면서 '그려 보기' 전략을 익혀 보세요.

가로등 이야기

나는 이틀 전부터 여기에 살게 된 가로등입니다.

저기에 꼬마와 엄마가 내 쪽으로 걸어오고 있습니다.

"어? 여기에 가로등이 생겼네?"
"그렇구나! 가로등이 생겨서 밤에도 무섭지 않겠네!"
"응, 아빠가 늦게 와도 이젠 걱정 안 해도 되겠다. 그치? 엄마."
"어머! 우리 민언이가 그런 기특한 생각을 다 했어? 호호호."

엄마는 꼬마에게 뽀뽀를 했습니다.
꼬마는 5살 정도로 보였고, 이름은 민언이라고 합니다.
엄마는 수줍은 여학생처럼 생겼고, 상냥하고 예뻤습니다.

나는 엄마와 민언이를 보면서 생각했습니다.

'아하! 내가 오기 전에는 여기에 가로등이 없었구나!'

나는 길쭉하고 볼품은 없지만 밤에 사람들에게 길을 밝혀 주는 일을 하게 되어 기쁩니다. 왜냐하면 내가 여기에 설치된 날 일어났던 사건 때문입니다.
바로 내 생일날 있었던 일이었습니다.
나는 그날 어떤 용감한 아저씨를 보았습니다.

그래서 그 아저씨를 닮아서 사람들에게 도움을 주겠다고 생각했습니다.

내가 사람들에게 도움을 줄 수 있는 것은 어두운 길을 비춰 주고, 그들이 편안하게 따뜻한 집으로 갈 수 있게 안내하는 것이라 생각했습니다.

그래서 마을을 꼼꼼하게 살펴보았습니다.
내 앞의 길 건너에는 세탁소가 있고, 그 옆에는 옷을 수선하는 집이 있습니다. 세탁소 아저씨는 늦게까지 일을 하고 집으로 돌아갑니다.
수선 집 아주머니는 7시쯤 되면 잘생긴 아들이 와서 가게 문을 닫아 줍니다.
그러면 아주머니의 얼굴은 햇살처럼 빛납니다.

자정이 되면 이 길에는 사람들이 거의 다니지 않습니다.
그래도 나는 졸지 않고 새벽이 올 때까지 나의 일을 열심히 합니다.

 교사는 위의 내용에 맞는 질문을 한다. 질문 후 그림을 그리게 한다. (상상해서 그리기)

▶ 글을 읽고 그림 그리기

① 그린 그림을 발표해 보세요.

② 나의 그림과 친구의 그림을 비교해 보세요.

읽기 방법 적용하기

3 아래 글을 선생님과 함께 읽고 '그려 보기' 방법을 적용해 보세요. 글을 읽고 친구들
과 먼저 이야기를 나누어 보고 상상한 그림을 그려 보세요.

다음 날 저녁에 내가 길을 비추고 있는데 민언이와 엄마 그리고 아빠가 걸어오고
있었습니다.

"아빠, 여기에 가로등이 생겼어."
"그래. 사흘 전에 생겼단다."
"그런데 왜 아빠가 삼일 전에 다쳤지? 가로등이 있어서 깜깜하지 않았을 텐데."
"어? 응."
아빠는 민언이의 질문에 대답을 얼버무렸습니다.

나는 민언이 아빠를 자세히 살펴보았습니다.
'사흘 전이라⋯⋯'
나는 곰곰이 사흘 전을 생각해 보았습니다.

"아하! 맞아, 그 아저씨구나!"

'사흘 전 여기에 예쁜 아가씨가 혼자 길을 걷고 있었지. 그런데 동네 불량배들이 아가씨의 가방을 훔쳐서 달아났지. 그때 민언이 아빠가 불량배들과 격투 끝에 아가씨 가방을 찾아 주었지.'
내가 설치되던 바로 그날의 사건이었습니다.

그 후 며칠 동안 나는 그 아저씨를 찾았지만 못 만났습니다. 그런데 바로 그 아저씨가 민언이의 아빠였습니다. 나는 기뻤습니다. 그 아저씨의 행동으로 내가 열심히 일을 하게 되었기 때문입니다. 그리고 민언이 가족을 보면서 마음을 나눌 친구가 생긴 것처럼 좋았습니다.

그래서 더 힘을 내어 민언이 가족이 불편하지 않게 길을 비추었습니다.

1 친구와 나눈 이야기를 정리해 보세요.

 학생이 이야기한 내용을 정리하지 못하면 "한 문장으로 써도 된다"고 알려 준다.

1. 그린 그림을 발표해 보세요.
2. 나의 그림과 친구의 그림을 비교해 보세요.

4 아래 질문을 통해 오늘 수업을 평가해 보세요.

① 선생님께서 읽어 주시는 글을 들으면서 그림이 떠올랐습니다.

② 글의 내용을 선생님께서 질문해 주시니까 쉽게 그릴 수 있습니다.

③ 친구들과 나눈 이야기를 정리할 수 있습니다.

④ 상상한 것을 그림으로 그릴 수 있습니다.

4 아래 질문을 통해 오늘 수업을 평가해 보세요.

① 선생님께서 읽어 주시는 글을 들으면서 그림이 떠올랐습니다.

네

② 글의 내용을 선생님께서 질문해 주시니까 쉽게 그릴 수 있습니다.

네

③ 친구들과 나눈 이야기를 정리할 수 있습니다.

네

④ 상상한 것을 그림으로 그릴 수 있습니다.

네

가로등이 일을 잘하고 있네.
나는 볼품 업지만 내 일을 해야되.
O 세탁소

다섯 번째 전략 중심 내용 결정하기

중심 내용 결정하기란?

글에서 중요하다고 생각하는 정보를 학생 스스로 결정하며 읽는 읽기 방법이다.

특히 비문학일 경우, 학생들은 정보를 얻고 기억하기 위해 글을 읽는다. 그들은 중요한 정보를 분류하고 가려내어 필요한 정보나 지식을 자신들의 기억 속에 저장시킨다. 이런 활동을 통해 학생들은 스스로 정보를 습득하는 방법을 익힐 수 있다. 또한 중요한 정보가 무엇인지 결정을 내리면서, 그 정보에 대한 정확하고 체계적인 지식을 습득하게 된다.

이번 수업은 기존의 '중심 내용 결정하기'에서 한 걸음 더 나아가 학생 스스로 중요한 정보를 찾은 후, 그 정보에 대해 더 깊이 생각해 보는 활동이다. 단순한 중심 문장 찾기에서 벗어나 중요한 정보를 활용하여, 사고를 확장할 수 있도록 한다.

학생이 찾은 중요한 정보가 교사의 의도에 못 미치더라도, 교사는 학생이 결정한 정보를 인정해야 한다. 중요한 정보는 아니지만 그 정보를 활용하여 학생들의 사고를 확장할 수 있다면 의미 있는 수업 활동이 될 것이다. 또 친구들의 발표를 통해 자신이 놓친 정보를 스스로 깨닫는 계기도 마련할 수 있다.

🔍 교사 참고사항

1 이 전략은 학생들이 정보를 가려내고 분류하는 과정을 통해서 정보를 이해하는 데 목적이 있다.
2 교사는 학생이 중심 내용을 결정하고 그것을 기억하도록 돕는다.
3 교사는 책 만들기를 통해 '항아리'에 대한 배경지식을 쌓도록 돕는다.
4 교사는 항아리와 관련된 사진을 미리 준비한다.

🔍 '중심 내용 결정하기' 적용 방법

1 먼저 책의 표지를 꾸미기 위해 선생님이 준비한 사진을 보면서 책 표지를 꾸며 본다.
2 선생님이 글을 소리 내어 읽어 준다. 읽은 후 학생들이 어려워하는 단어를 먼저 적게 하고, 선생님과 같이 익힌다.
3 나만의 책이 완성되면 친구들과 '항아리'에 대해서 서로 이야기를 나누어 본다.
4 선생님과 오늘 익힌 전략을 평가해 본다.

조금 더 알아 두기

♣ 책 만들기
1. A4용지 크기의 색지 2장을 반으로 접어서 철찍개로 찍어 철한 것을 준비한다.
2. 각 페이지에 항아리를 하나씩 그리고 소개한다.
3. 그린 항아리에 색칠을 하여 꾸민다.
4. 앞표지와 뒤표지는 마지막에 꾸민다.

1️⃣ 다음은 '중심 내용 결정하기'를 활용해서 책의 표지를 그린 것입니다. 책의 내용을 읽고 표지를 그려 보세요.

2 선생님과 함께 글을 읽고 '중심 내용 결정하기' 적용 방법을 배워 보세요.

우리는 음식을 먹을 때 그릇에 담아서 먹습니다.

현대는 그릇의 종류도 다양하고 만드는 재료도 각기 다릅니다.

하지만 예전에는 그릇을 흙으로 빚어서 만들었습니다.

그러면 그릇들이 어떻게 만들어지는지 알아볼까요?

먼저, 질 좋은 진흙을 파서 비바람을 맞힙니다.

그리고 그것을 이기고 밟고 다져서 큰 덩어리를 만듭니다.

큰 덩어리를 깨끼낫으로 조금씩 깎습니다.

그래서 굵은 모래를 걷어 냅니다.

그릇을 만드는 진흙은 입자가 가늘지만, 항아리 같이 큰 그릇은 입자가 굵습니다. 그래서 여기에 가는 모래도 섞는 것입니다.

이 모래는 진흙을 잘 엉겨 붙게 하고, 바람을 잘 통하게 합니다.

그릇 모양을 낼 때에는 흙덩이를 많이 두들겨 조직을 치밀하게 만듭니다.

그런 후 잿물을 입혀 굽습니다.

그러면 표면이 매끄러워지고, 공기가 통해 그릇이 숨을 쉬게 됩니다.

이것이 완성된 그릇입니다.

1 위의 글을 읽고 어려운 단어를 찾아 써 보세요.

② 위의 글을 읽고 중요하다고 생각되는 단어를 찾아 써 보세요.

③ (   ) 안을 채워 보세요.

1) 질 좋은 진흙을 파서 이기고 밟고 다져서 (   )를 만듭니다.

2) 진흙덩이를 (   )으로 깎아 굵은 모래만 걸어 냅니다.

3) 진흙은 입자가 굵으며, (   )도 섞습니다.

4) 모래는 (   )을 엉겨 붙게 하고 바람을 통하게 합니다.

5) 그릇 모양을 낼 때에는 흙덩이를 (   ) 조직을 치밀하게 만듭니다.

6) 그런 후 (   )을 입혀 굽습니다.

7) (   )이 완성됩니다.

④ 위 글의 제목을 정해 보세요.

3 아래 글을 이용해서 책 만들기를 해 보세요.

1. 항아리 – 아래위가 좁고 배가 부른 질그릇. 김치나 장을 담글 때 사용한다.

2. 단지 – 목이 짧고 배가 부른 작은 항아리. 양념이나 꿀 등을 담는다.

3. 초병 – 가정에서 식초를 만들 때 사용한다.

4. 젓동이 – 젓갈류를 담글 때 사용한다.

5. 소줏고리 – 소주를 만들 때 사용한다.

6. 장군 – 인뇨를 모아 밭으로 옮길 때 사용한다.

4 아래 질문을 통해 오늘 수업을 평가해 보세요.

① 책 표지를 꾸밀 수 있습니다.

② 글의 중요한 단어를 찾을 수 있습니다.

③ 제목을 정할 수 있습니다.

④ 중요한 내용으로 책을 만들 수 있습니다.

2 선생님과 함께 글을 읽고 '중심 내용 결정하기' 적용 방법을 배워 보세요.

우리는 음식을 먹을 때 그릇에 담아서 먹습니다.
현대는 그릇의 종류도 다양하고 만드는 재료도 각기 다릅니다.
하지만 예전에는 그릇을 흙으로 빚어서 만들었습니다.
그러면 그릇들이 어떻게 만들어지는지 알아볼까요?

먼저, 질 좋은 진흙을 파서 비바람을 맞힙니다.
그리고 그것을 이기고 밟고 다져서 큰 덩어리를 만듭니다.
큰 덩어리를 깨끼낫으로 조금씩 깎습니다.
그래서 굵은 모래를 걸어 냅니다.
그릇을 만드는 진흙은 입자가 가늘지만, 항아리 같이 큰 그릇은 입자가 굵습니다. 그래서 여기에 가는 모래도 섞는 것입니다.

이 모래는 진흙을 잘 엉겨 붙게 하고, 바람을 잘 통하게 합니다.
그릇 모양을 낼 때에는 흙덩이를 많이 두들겨 조직을 치밀하게 만듭니다.
그런 후 잿물을 입혀 굽습니다.
그러면 표면이 매끄러워지고, 공기가 통해 그릇이 숨을 쉬게 됩니다.
이것이 완성된 그릇입니다.

1 위의 글을 읽고 어려운 단어를 찾아 써 보세요.

깨끼낫   조직   치밀하게   잿물

② 위의 글을 읽고 중요하다고 생각되는 단어를 찾아 써 보세요.

진흙, 큰 덩어리, 깎는다, 모래, 재료
그릇, 잿물.

③ ( ) 안을 채워 보세요.

1) 질 좋은 진흙을 파서 이기고 밟고 다져서 (큰 덩어리)를 만듭니다.

2) 진흙덩이를 (깨끼낫)으로 깎아 굵은 모래만 걸어 냅니다.

3) 진흙은 입자가 굵으며, (가는 모래)도 섞습니다.

4) 모래는 (진흙)을 엉겨 붙게 하고 바람을 통하게 합니다.

5) 그릇 모양을 낼 때에는 흙덩이를 (두들겨) 조직을 치밀하게 만듭니다.

6) 그런 후 (잿물)을 입혀 굽습니다.

7) (그릇)이 완성됩니다.

④ 위 글의 제목을 정해 보세요.

그릇이 어떻게 숨 쉴까요?

여섯 번째
전략

요약하기

요약하기란?

글을 읽거나 들은 후, 읽은 내용에 대한 기억이나 회상을 다시 정리해 보는 활동을 말한다. 즉 본문 내용을 자신의 언어로 재구성하는 활동을 뜻한다.

학생들의 생각은 글을 읽으면서 진화한다. 그들은 이미 알고 있는 것에 새로운 정보를 더하여 지식을 통합해 간다. 이때 학생들에게 중요한 것은 단순히 정보를 수용하는 자세에서 벗어나 자기 나름의 관점에서 정보를 재구성하는 능력이다.

따라서 요약하기 전략을 통해 학생들은 다양한 정보를 수집하고 분석하여 정보를 새롭게 창조하는 방법을 배우게 된다. 이 과정에서 불필요한 정보를 걸러낼 수 있는 실력 또한 자연스럽게 갖추게 된다.

중요한 정보, 새로운 내용을 필기하면 되겠지!

선생님이 읽어 주는 내용을 잘 듣고 정리해 보세요.

🔍 교사 참고사항

1 이 전략은 학생들이 중요한 정보를 찾아내어 기억하는 기초를 익히는 단계이다.

2 교사는 예시를 통해서 학생들에게 중요한 것을 말하기 위해서 기억하는 것과 그것의 의미가 잘 통하도록 자신의 말로 고쳐 말하는 것을 보여 준다.

3 교사는 학생들이 짧고, 두드러지게 요점만 말하도록 지도한다.

4 교사는 학생들이 너무 많이 말하지 않도록 지도한다.

5 학생들이 직접 전략을 활용하여 글을 읽을 수 있도록 한다.

🔍 '요약하기' 적용 방법

1 선생님께서 읽어 주는 글을 잘 듣는다.

2 선생님이 읽어 준 글을 요약하기 위해 다시 말해 보기를 한다. (학생들은 선생님이 읽어 준 글의 내용이 의미가 잘 통하도록 말한다.)

3 자신이 생각한 것을 짧게 요약해서 기록한다.

4 '요약하기'를 통해서 '알게 된 사실'과 '알게 된 사실의 느낀 점'을 써 본다.

5 학생들이 활용한 전략에 대해서 선생님과 함께 평가의 시간을 가져 본다.

 학생들이 요약하기를 어려워하면 중요한 단어를 말하게 한다. 그리고 교사가 그것을 연결하여 시범을 보여 준다.

읽기 방법 미리 보기

1 다음은 '요약하기'를 활용한 예입니다. 자료를 보면서 '요약하기' 전략 방법을 알아 보세요.

사람은 죽을 때까지 배워야 한다고 합니다.
하지만 사람만 그런 것은 아닙니다.

바다에 사는 극피동물인 해삼도 배우면서 산다고 합니다.
그것은 간단한 실험으로 알 수 있습니다.

처음에 해삼을 건드리면 반응이 없습니다.
그 뒤 센 물살로 해삼의 몸을 쏘아 보면 해삼은 몸을 움찔합니다.

이런 일을 반복하면 해삼은 건드리기만 해도 몸을 움찔합니다.

위의 간단한 실험을 통해서 해삼도 하나의 자극에 이어서 또 다른 자극이 온다는 것을 배운다는 사실을 알아보았습니다.

요약하기

사람만 배우는 것은 아니고 해삼도 배웁니다.
그것은 실험을 통해서 압니다.

해삼의 몸을 센 물로 쏘면 처음엔 가만히 있다가 반복하면 자극이 온다는 것을 배웁니다.

알게 된 사실

바다에 사는 해삼도 배운다는 것을 알았다.
그리고 무엇인가 알기 위해서 실험을 해야 한다는 것도 알았다.

알게 된 사실의 느낀 점

해삼이 배운다는 것은 참 신기했다. 나는 머리가 있는 동물들만 배우는 줄 알았다. 그런데 머리도 없는 해삼이 어떻게 배우는지 정말 이상했다.

2 다음 글을 '요약하기' 전략을 활용하여 익혀 보세요.

> 사람은 죽을 때까지 배워야 한다고 합니다.
> 하지만 사람만 그런 것은 아닙니다.
>
> 바다에 사는 극피동물인 해삼도 배우면서 산다고 합니다.
> 그것은 간단한 실험으로 알 수 있습니다.
>
> 처음에 해삼을 건드리면 반응이 없습니다.
> 그 뒤 센 물살로 해삼의 몸을 쏘아 보면 해삼은 몸을 움찔합니다.
>
> 이런 일을 반복하면 해삼은 건드리기만 해도 몸을 움찔합니다.
>
> 위의 간단한 실험을 통해서 해삼도 하나의 자극에 이어서 또 다른 자극이 온다는
> 것을 배운다는 사실을 알아보았습니다.

요약하기

사람만 배우는 것은 아니고 (   )도 배웁니다.
그것은 (   )을 통해서 압니다.
해삼의 몸을 센 물로 쏘면 처음엔 가만히 있다가 반복하면 (   )온다는 것을
배웁니다.

알게 된 사실

알게 된 사실의 느낀 점

3 다음 글을 읽고 요약하기, 알게 된 사실, 알게 된 사실의 느낀 점을 적어 보세요.

꿀벌은 0.01그램도 안 되는 작은 뇌를 갖고 있어요.
하지만 복잡한 정보를 배울 수 있는 놀라운 능력이 있지요.

그것은 꿀벌 자신이 알게 된 정보를 다른 꿀벌에게 전달해 준다는 것이에요.
전달해 주는 방법은 꿀벌이 정보를 알았을 때 집으로 돌아가 그 사실을 알리기 위해서 춤을 춘다는 것이에요.

예를 들어서 꽃이 많은 곳을 발견한 꿀벌이 집으로 돌아가 꽃이 많은 곳까지 가는 방법을 춤으로 보여 준다는 것이죠.

그리고 꿀벌은 어느 꽃의 꽃가루가 가장 좋은지 알 수도 있고, 하루 중 어느 시간이 가장 좋은지도 알고 있다고 해요.

꿀벌의 능력이 대단하지 않나요?

요약하기

꿀벌은 작은 뇌를 가지고 있지만 (   )를 배울 수 있는 능력이 있어요.

또, 정보를 (   )해 주는 능력도 있지요.

정보를 전달해 주는 방법으로는 (   )을 보여 줘요.

그 춤은 꽃이 많은 곳까지 가는 (   )을 보여 줘요.

그리고 어느 (   )가 좋은지, 어느 (   )이 좋은지도
알고 있어요.

알게 된 사실

알게 된 사실의 느낀 점

평가하기

4 아래 질문을 통해 오늘 수업을 평가해 보세요.

질문	대답
1. 선생님께서 읽어 주시는 글을 듣고, 요약할 수 있습니다.	
2. 글을 듣고 알게 된 사실을 적을 수 있습니다.	
3. 알게 된 사실의 느낀 점을 적을 수 있습니다.	
4. 오늘 수업 중 가장 기억에 남는 것은 무엇인가요?	

3 다음 글을 읽고 요약하기, 알게 된 사실, 알게 된 사실의 느낀 점을 적어 보세요.

꿀벌은 0.01그램도 안 되는 작은 뇌를 갖고 있어요.
하지만 복잡한 정보를 배울 수 있는 놀라운 능력이 있지요.

그것은 꿀벌 자신이 알게 된 정보를 다른 꿀벌에게 전달해 준다는 것이에요.
전달해 주는 방법은 꿀벌이 정보를 알았을 때 집으로 돌아가 그 사실을 알리기 위해서 춤을 춘다는 것이에요.

예를 들어서 꽃이 많은 곳을 발견한 꿀벌이 집으로 돌아가 꽃이 많은 곳까지 가는 방법을 춤으로 보여 준다는 것이죠.

그리고 꿀벌은 어느 꽃의 꽃가루가 가장 좋은지 알 수도 있고, 하루 중 어느 시간이 가장 좋은지도 알고 있다고 해요.

꿀벌의 능력이 대단하지 않나요?

요약하기

꿀벌은 작은 뇌를 가지고 있지만 (정보)를 배울 수 있는 능력이 있어요.
또, 정보를 (전달)해 주는 능력도 있지요.
정보를 전달해 주는 방법으로는 (춤)을 보여 줘요.
그 춤은 꽃이 많은 곳까지 가는 (방법)을 보여 줘요.
그리고 어느 (꽃가루)가 좋은지, 어느 (시간)이 좋은지도 알고 있어요.

알게 된 사실

꿀벌도 뇌가 있어서. 다른 꿀벌에게 정보를 전달해
주는 구나.

알게 된 사실의 느낀 점

나는 꿀벌이 그냥 꽃가루를 가져 가는 줄 알았는데
아니었구나.

2 응용 단계

내적 대화와 배경지식 활용하기

내적 대화와 배경지식 활용하기란?

'내적 대화'는 글을 읽을 때 자신이 생각하는 것에 충실하게 따라가는 것이고, 또 글을 읽으면서 자신의 목소리로 질문하고 연결시키는 행위이다. '배경지식 활용하기'는 추론하고 질문하고 종합할 때 생각의 토대를 마련해 준다. 그래서 학생들은 알고 있는 만큼 배우고 깨닫는 것이다. 그러므로 '내적 대화'와 '배경지식 활용하기'를 연결해서 글을 읽으면 학생들이 문제를 해결하는 데 활용할 수 있고, 글을 읽을 때 적극적이며, 쓰기 능력도 향상된다.

책을 읽고
여러분이 알고 있는
내용과 글을
잘 연결해 보세요.

🔍 교사 참고사항

1 교사는 학생들에게 글을 읽을 때 '내적 대화'를 하면서 읽도록 지도한다. 그러면 의미도 쉽게 파악하며 글의 행간도 읽을 수 있다.

2 어린이가 책을 읽을 때 사용하는 배경지식은 학습과 이해의 모든 측면에 영향을 미친다. 그러므로 교사는 배경지식을 활성화하기 위해서 많은 사물에 관심을 가지도록 질문하며 지도한다.

3 '내적 대화'를 하면서 '배경지식 활용하기'를 한다.

4 교사는 학생들이 등장인물과 자신을 연결하여 읽으면서 이야기 전체에 대한 통찰력을 얻도록 돕는다.

🔍 '내적 대화와 배경지식 활용하기' 적용 방법

1 글의 내용 중 내가 알고 있는 것을 쓴다. (배경지식)

2 '내적 대화와 배경지식'을 활용하여 추론하기 위해서 글의 내용을 간추려 본다.

3 경험 속에서 글의 내용과 비슷한 것을 찾아 적어 본다.

4 과거 경험과 자신을 관련시킬 수 있는 것을 글에서 찾으면 '나와 비슷해!'라고 생각하고 적어 본다.

5 학생들이 활동한 결과물의 내용을 친구들과 이야기해 본다.

6 선생님은 오늘 익힌 전략을 학생이 스스로 평가하도록 돕는다.

 조금 더 알아 두기

'내적 대화'는 독해를 하기 위해서 글을 읽을 때 자신의 목소리로 질문하고 연결시키는 행위이다. 그러므로 독해는 생각을 진전시키는 진행 과정이기도 하다.

읽기 방법 미리 보기

1 아래 표는 '내적 대화와 배경지식 활용하기'를 활용한 예입니다. 자료를 보면서 '내적 대화와 배경지식 활용하기' 전략 방법을 알아보세요.

항목/도서	그림이 제일 좋아요	임금님의 초상화를 그리다
공통점	글의 주인공이 김홍도이다.	
내가 아는 것	홍도는 그림을 잘 그린다.	
위의 글 내용 간추리기	홍도는 공부보다 그림을 좋아했어요. 그래서 아버지는 홍도를 야단쳤어요. 그래도 홍도는 그림 그리기를 멈추지 않았어요. 그래서 아버지는 홍도가 그림 그리는 것을 허락했어요.	홍도는 그림을 잘 그려도 교만하지 않았어요. 그래서 정조 임금님의 초상화도 그릴 수 있었어요. 그 이후, 홍도는 나라에서 가장 그림을 잘 그리는 화가로 이름을 떨쳤어요.
우리 주변에서 본 것	아파트 경비원 아저씨예요. 눈이 오면 아파트 마당을 깨끗이 쓸어요.	소녀시대예요. 노래를 잘해서 우리나라에서 유명하잖아요.
나와 비슷한 점	나는 피아노 치는 것을 좋아해요. 그래서 열심히 연습해요.	나는 피아노를 열심히 쳐서 피아니스트가 될 거예요. 그래서 세계 여러 나라를 돌아다니면서 연주할 거예요.

2 아래 글을 '내적 대화와 배경지식'을 활용해 읽고, 적용 방법을 익혀 보세요.

그림이 제일 좋아요

홍도는 서당에서 공부를 할 때 꾸벅꾸벅 조는 아이예요.
왜냐하면 공부는 지루하고 재미가 없다고 생각하기 때문이지요.
하지만 틈만 나면 그림을 그렸어요.
친구들의 노는 모습도 그리고, 송아지나 강아지도 그렸어요.

그래서 아버지는 공부를 하지 않는 홍도를 야단쳤어요.
그래도 홍도는 그림 그리기를 멈추지 않았어요.
집이 가난해서 종이를 살 수가 없을 때는 하늘을 종이 삼아 그림을 그렸지요.
그렇게 열심히 그림을 그리니까 아버지도 홍도의 솜씨에 감탄하여 그림 그리는
것을 허락하였어요.

임금님의 초상화를 그리다

열심히 그림을 그리던 홍도는 많은 사람들의 칭찬을 받았어요.
그래도 교만하지 않았고, 우쭐대지도 않았지요.
홍도가 서른 살이 넘어갈 무렵 조정에서는 정조 임금님의 초상화를 그리려는 계
획을 세웠어요.
홍도가 그림을 잘 그린다는 소문이 났으므로 임금님의 초상화를 그리게 되었어
요. 임금님은 홍도가 그린 초상화를 보고 기뻐했어요.
그 후 홍도는 나라에서 가장 그림을 잘 그리는 화가로 이름을 떨쳤어요.
이름이 알려질수록 홍도는 겸손하고 다른 사람들을 배려했어요.

 조금 더 알아 두기 교사는 학생이 자신의 경험을 충분히 이야기하도록 경청한다.

항목/도서	그림이 제일 좋아요	임금님의 초상화를 그리다
공통점		
내가 아는 것		
위의 글 내용 간추리기		
우리 주변에서 본 것		
나와 비슷한 점		

3 아래 글을 읽고, '내적 대화와 배경지식'을 활용해서 표를 완성해 보세요.

소녀 화가

"앗! 이를 어쩌지?"

인선이는 울상이 되었어요. 왜냐하면 인선이의 그림을 닭들이 마구 쪼아 버렸기 때문이에요.

"인선아, 네가 그린 메뚜기가 살아 있는 줄 알고 닭들이 쪼았나 보구나. 허허 허…….."

할아버지는 손녀가 대견스러웠어요.

인선이는 그림도 잘 그렸지만, 글재주도 뛰어나고 마음씨도 착했어요.

그리고 부모님들께 효도하는 효녀이기도 했어요.

이 소녀가 바로 신사임당이에요.

훌륭한 어머니

"얘들아, 오늘 한 일은 내일이면 고치기 어려우니 행동을 조심하거라."

신사임당은 어쩌다가 자식들이 잘못을 저질렀을 때는 크게 꾸짖지 않고 스스로 깨닫도록 타일렀어요. 그래서 아이들은 신사임당을 존경하고 따랐지요.

사임당은 아들들을 교육할 때는 학문을 닦아 나라에 큰일을 하도록 지도했고, 딸들은 학문과 예술을 익히고, 덕을 쌓아 훌륭한 어머니가 되도록 가르쳤어요.

그래서 큰딸 매창은 사임당의 교훈을 받들어 자신의 아들 삼 형제를 훌륭하게 키웠어요.

둘째 아들 번이는 인격과 학식이 뛰어났어요.

셋째 아들은 유명한 율곡 이이였어요.

어려서 효성이 지극했고, 유달리 우애가 깊었지요.

무려 아홉 번이나 과거에 장원 급제를 할 정도로 학문도 높았어요.

그래서 20년 동안이나 벼슬을 지내며 나라에 충성했어요.

넷째는 사임당의 재능을 그대로 받은 아들이었지요.

사임당은 칠 남매를 주위에서 우러러보는 훌륭한 인물로 키웠어요.

항목/도서	소녀 화가	훌륭한 어머니
공통점		
내가 아는 것		
위의 글 내용 간추리기		
우리 주변에서 본 것		
나와 비슷한 점		

조금 더 알아 두기
1. 배경지식은 글을 읽기 전에 써 보라고 한다.
2. 글을 간추리기 전에 학생에게 말을 해 보게 한다.

4 아래 질문을 통해 오늘 수업을 평가해 보세요.

① '내적 대화'를 하며 읽으니까 집중력이 생겼습니다.

② 글의 내용과 내 생각을 비교할 수 있습니다.

③ 주위와 연결 지어 생각할 수 있습니다.

활동결과물

항목/도서	그림이 제일 좋아요	임금님의 초상화를 그리다
공통점	김홍도의 흘이다.	
내가 아는 것	김홍도는 화가다.	
위의 글 내용 간추리기	홍도는 공부를 못하지만 그림은 잘 그려요. 그런데 아버지가 반대하셨지요. 그러나 그림을 잘 그려 아버지가 허락하셨어요.	홍도는 임금님의 초상화를 그리게 되었어요. 홍도의 그림을 본 임금님은 기뻐했어요. 홍도는 유명해졌어요. 그리고 홍도는 다른 사람들을 배려했어요.
우리 주변에서 본 것	아버지가 농구장에 가지 말라고 하셨는데 허락하셨다.	나는 공부를 다 해서 칭찬을 받았어요. 그러나 나는 우쭐대지 않았어요.
나와 비슷한 점	나는 야구를 좋아해요. 그래서 틈만 나면 야구 연습을 해요.	나는 프로 야구선수가 되어서 국제적인 야구 선수가 될거예요.

항목/도서	소녀 화가	훌륭한 어머니
공통점	신사임당	
내가 아는 것	글을 잘 쓴다.	
위의 글 내용 간추리기	인선이 그림을 잘 그려서 닭들이 그림을 쪼았다. 그래서 울상이 되었는데 할아버지는 손녀를 대견스러워했다. 이 소녀가 신사임당이다.	신사임당은 자식들이 일을 저질렀을 때는 야단 치지 않고 스스로 깨닫게 했다. 신사임당은 7남매를 훌륭한 인물로 기웠어요.
우리 주변에서 본 것	오빠는 그림을 잘 그린다 나도 그리고 싶다	엄마가 우리를 위해 일하시고 도와주셔서 감사하다고 생각한다.
나와 비슷한 점	누가 나의 작품에 손 대는 것이 인선이와 같다.	피아노 치는 것이 나와 같다고 생각한다.

좀 더 알아 두기 1, 배경지식은 글을 읽기 전에 써 보라고 한다,
2, 글을 간추리기 전에 학생에게 말을 해 보게 한다,

질문하기와 추론하기

질문하기와 추론하기란?

질문을 하게 되면 알고 있는 것을 통해서 정보를 얻고, 문제의 명확한 답을 찾아낸다. 하지만 답이 없는 질문도 있다. 그것은 시각적 이미지를 활용하여 그려 보기를 동원하면서 추론하는 것이다. '시각적 이미지'란 그림을 보는 것을 의미한다. 글을 능숙하게 읽는 학생은 모든 감각을 동원해서 이미지를 창조해 낸다. 이것이 바로 추론을 이끌어 내는 바탕이 될 수 있다.

추론은 질문하기를 통하여 의미를 만들어 내고, 독서에서뿐만 아니라 여러 면에서 지적 이해의 바탕이 된다. 그래서 우리는 다양한 영역에서 추론한다.

추론은 글의 내용을 읽는 것뿐만 아니라 얼굴 표정을 읽고, 몸짓을 읽어 내며, 표현과 어조를 읽어 내는 것이다. 그래서 '질문하기와 추론하기'는 학생의 생각을 깊고 넓게 촉진시키며 해석의 길잡이가 되어 준다.

어, 이 내용은 지난번에 읽은 책에서 봤던 건데! 그렇다면 혹시 …일까?

교사 참고사항

1 이 전략은 교사의 안내에 따른 대화로 이루어진다. 교사는 학생에게 몇 가지 질문을 함으로써 시를 이해하는 데 도움을 준다.

2 질문하기를 통해서 의미를 이미지화해 추론하면 시를 더 깊이 읽게 된다. 그래서 교사는 학생 자신의 해석과 추론을 친구들과 이야기해 볼 수 있는 기회를 준다.

3 시는 이미지와 은유를 포함하고 있다. 그래서 교사는 학생들이 시를 적극적으로 읽도록 도와야 한다. 그러면 해석의 능력을 키울 수 있다. 예를 들면 맛보고, 촉감을 느끼고, 듣고, 냄새를 맡을 수 있게 해 준다.

4 교사는 학생들이 시를 읽을 때 모든 감각을 동원해 이미지를 창조하도록 돕는다. 그러면 학생들에게 추론하는 힘이 생긴다.

5 교사는 학생에게 시를 해석하는 데 정답이 없다는 것을 알려 준다. 여기에서의 질문에 대한 답은 각자 다르다는 것을 친구들과 이야기를 나누어 봄으로써 느끼게 한다(추론적 이해의 확장이라고 볼 수 있다).

'질문하기와 추론하기' 적용 방법

1 시를 읽고 느낀 점을 말한다.
2 선생님이 다시 시를 읽어 주면, 마음속에 떠오르는 그림을 그린다.
3 활동지에 답해 본다.
  – 시를 읽고, 비유로 사용된 것을 찾아 밑줄을 그어 본다.
  – 시를 읽고 느낀 것을 써 본다.
  – 시에서 말하고자 하는 것이 무엇인지 학생에게 간단하게 질문해서 추론적인 생각을 들어 본다.
4 선생님과 오늘 익힌 전략을 평가해 본다.

 조금 더 알아 두기　비유 : 표현하고자 하는 대상을 빗대어 표현하는 것이다.

읽기 방법 미리 보기

1 다음은 '질문하기와 추론하기'를 활용한 예입니다. 자료를 보면서 '질문하기와 추론하기' 전략 방법을 알아보세요.

윤석종 지음

조그만 산 커졌으니 웬일인가요?
산에 심은 나무가 자라 그렇죠.
우리들 마을은 자라는 마을.

집집마다 환하니 왠일인가요?
울타리에 꽃들이 피어 그렇죠.
우리들 마을은 꽃 피는 마을.

동네 마당 떠들썩 웬일인가요?
강남에서 제비가 와서 그렇죠.
우리들 마을은 정다운 마을.

① 선생님께서 읽어 주시는 시를 듣고, 머릿속에 그려지는 그림을 그려 보세요.

② 위의 시에서 사람처럼 표현한 내용에 밑줄을 그어 보세요.

③ 위의 시는 어떤 내용인가요?

조그만 사람들이 커 가는 것

④ 위의 시를 읽고 느낀 점은 무엇인가요?

이웃끼리 사이좋게 지내야 된다.

⑤ 위의 시에 대해 친구들의 이야기를 듣고, 마음에 드는 친구의 내용을 써 보세요.

마을이 자라는 것은 마을을 깨끗하게 해야 된다고 생각한다. 그래서 쓰레기를 함부로

버리지 않겠다.

⑥ 위의 시를 읽고, 질문을 직접 만들어 보세요.

1. 집집마다 왜 환했나요?   울타리에 꽃이 피어서

2. 마을은 왜 떠들썩했나요?   제비가 와서

 조금 더 알아 두기   접착식 메모지를 사용해도 된다.

2 아래 글을 '질문하기와 추론하기'를 활용해 읽고, 적용 방법을 익혀 보세요.

소꿉놀이

전래동요

앞산에는 빨강 꽃,
뒷산에는 노랑 꽃,
빨강 꽃은 치마 짓고,
노랑 꽃은 저고리 지어,
풀을 꺾어 머리 하고,

게딱지로 솥을 걸어,
흙가루로 밥을 짓고,
솔잎으로 국수 말아,
풀각시를 절 시키세.

〈출처 : 김종상 글, 교과서 동시, p. 30, 예림당〉

① 선생님께서 읽어 주시는 시를 듣고, 머릿속에 그려지는 그림을 그려 보세요.

② 위의 시에서 사람처럼 표현한 내용에 밑줄을 그어 보세요.

③ 위의 시는 어떤 내용인가요?

_____

_____

④ 위의 시를 읽고 느낀 점은 무엇인가요?

_____

_____

⑤ 위의 시에 대해 친구들의 이야기를 듣고, 마음에 드는 친구의 내용을 써 보세요.

_____

_____

⑥ 위의 시를 읽고, 질문을 직접 만들어 보세요.

_____

_____

조금 더
알아 두기   접착식 메모지를 사용해도 된다.

3 다음 시를 읽고 '질문하기와 추론하기' 방법을 적용해 보세요.

메뚜기

김종상 지음

벼논의 메뚜기는
벼메뚜기.

노릇노릇 익어 가는
벼 이삭처럼,

메뚜기도 노랗게
익고 있네요.

콩밭의 메뚜기는
콩메뚜기.

볼록볼록 알이 드는
콩꼬투리처럼,

메뚜기도 토실토실
살이 찌네요.

〈출처 : 김종상 글, 교과서 동시 p. 52, 예림당〉

① 선생님께서 읽어 주시는 시를 듣고, 머릿속에 그려지는 그림을 그려 보세요.

② 위의 시에서 사람처럼 표현한 내용에 밑줄을 그어 보세요.

③ 위의 시는 어떤 내용인가요?

⋯⋯⋯⋯⋯⋯⋯⋯⋯⋯⋯⋯⋯⋯⋯⋯⋯⋯⋯⋯⋯⋯⋯⋯⋯⋯⋯⋯⋯⋯⋯⋯⋯⋯⋯⋯

⋯⋯⋯⋯⋯⋯⋯⋯⋯⋯⋯⋯⋯⋯⋯⋯⋯⋯⋯⋯⋯⋯⋯⋯⋯⋯⋯⋯⋯⋯⋯⋯⋯⋯⋯⋯

④ 위의 시를 읽고 느낀 점은 무엇인가요?

⋯⋯⋯⋯⋯⋯⋯⋯⋯⋯⋯⋯⋯⋯⋯⋯⋯⋯⋯⋯⋯⋯⋯⋯⋯⋯⋯⋯⋯⋯⋯⋯⋯⋯⋯⋯

⋯⋯⋯⋯⋯⋯⋯⋯⋯⋯⋯⋯⋯⋯⋯⋯⋯⋯⋯⋯⋯⋯⋯⋯⋯⋯⋯⋯⋯⋯⋯⋯⋯⋯⋯⋯

⑤ 위의 시에 대해 친구들의 이야기를 듣고, 마음에 드는 친구의 내용을 써 보세요.

⋯⋯⋯⋯⋯⋯⋯⋯⋯⋯⋯⋯⋯⋯⋯⋯⋯⋯⋯⋯⋯⋯⋯⋯⋯⋯⋯⋯⋯⋯⋯⋯⋯⋯⋯⋯

⋯⋯⋯⋯⋯⋯⋯⋯⋯⋯⋯⋯⋯⋯⋯⋯⋯⋯⋯⋯⋯⋯⋯⋯⋯⋯⋯⋯⋯⋯⋯⋯⋯⋯⋯⋯

⑥ 위의 시를 읽고, 질문을 직접 만들어 보세요.

⋯⋯⋯⋯⋯⋯⋯⋯⋯⋯⋯⋯⋯⋯⋯⋯⋯⋯⋯⋯⋯⋯⋯⋯⋯⋯⋯⋯⋯⋯⋯⋯⋯⋯⋯⋯

⋯⋯⋯⋯⋯⋯⋯⋯⋯⋯⋯⋯⋯⋯⋯⋯⋯⋯⋯⋯⋯⋯⋯⋯⋯⋯⋯⋯⋯⋯⋯⋯⋯⋯⋯⋯

조금 더 알아 두기   접착식 메모지를 사용해도 된다.

평가하기

4 아래 질문을 통해 오늘 수업을 평가해 보세요.

① 시를 듣고, 그림을 그릴 수 있습니다.

② 사람처럼 표현한 것을 찾을 수 있습니다.

③ 시를 읽고 느낀 점을 적으니까 이해하는 데 도움이 되었습니다.

④ 시를 읽고 자신만의 질문을 만들 수 있습니다.

2 위의 시에서 사람처럼 표현한 내용에 밑줄을 그어 보세요.

3 위의 시는 어떤 내용인가요?

메뚜기가 논에 있는 모습

4 위의 시를 읽고 느낀 점은 무엇인가요?

메뚜기도 여러가지 종류가 있구나.

5 위의 시에 대해 친구들의 이야기를 듣고, 마음에 드는 친구의 내용을 써 보세요.

메뚜기도 살이 찌구나 난 처음알았어.

6 위의 시를 읽고, 질문을 직접 만들어 보세요.

메뚜기는 어떤 종류가 있습니까?

답 : 벼메뚜기, 콩메뚜기

② 위의 시에서 사람처럼 표현한 내용에 밑줄을 그어 보세요.

③ 위의 시는 어떤 내용인가요?

소꿉놀이

④ 위의 시를 읽고 느낀 점은 무엇인가요?

내가 모르는 단어가 조금 있었다.
단어를 알고나니까 시가 재밌어 진다.

⑤ 위의 시에 대해 친구들의 이야기를 듣고, 마음에 드는 친구의 내용을 써 보세요.

꽃으로 저고리를 만들고 풀로 머리를 만들어서

⑥ 위의 시를 읽고, 질문을 직접 만들어 보세요.

앞산에는 무슨 색 꽃이 있고 뒷산에는 무슨 색
꽃이 있습니까?

답 (앞산 빨간색 꽃, 뒷산 노란색 꽃.)

아홉 번째 전략

중심 내용 결정하기와 종합하기

중심 내용 결정하기와 종합하기란?

'중심 내용 결정하기'는 비문학을 이용해서 글을 개략적으로 읽는 것에 대해 배울 수 있으며, 정보를 찾아내면서 읽는 형식을 말한다. '종합하기'는 자신이 살핀 주제나 화제를 가지고 그것을 창의적으로 재구성해 보는 것이다. 그러므로 '중심 내용 결정하기와 종합하기'는 중요한 정보를 자신이 생각해서 재구성하는 것이므로 독창적인 사고와 복잡한 과정의 읽기에 도움이 된다.

🔍 교사 참고사항

1 '중심 내용 결정하기와 종합하기'를 설명문을 활용하여 일상에서 생길 수 있는 일에 적극적으로 대응할 수 있도록 한다.

2 교사는 학생에게 읽기, 생각하기, 책에 대해 응답하기를 본보기로 보여 준다. 그리고 학생이 글을 읽고 내용을 결정하고 질문하여 생활에서 일어날 수 있는 일과 관계 짓도록 한다. 그것을 능동적으로 독서 응답하도록 지도한다.

3 교사는 학생에게 신중하게 독서 응답을 쓰는 본보기를 보여 주며, 사소한 세부사항 대신 중요한 중심 생각을 하도록 지도한다.

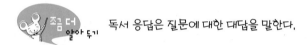 독서 응답은 질문에 대한 대답을 말한다.

🔍 '중심 내용 결정하기와 종합하기' 적용 방법

1 활동지에 있는 사실을 읽고 질문을 만들어 본다.

2 만든 질문에 응답한다.

3 글을 읽은 후 자신의 생각을 적어 본다.

4 선생님과 함께 오늘의 전략을 평가해 본다.

1 아래 표는 '중심 내용 결정하기와 종합하기'를 활용한 예입니다. 자료를 보면서 '중심 내용 결정하기와 종합하기' 전략 방법을 알아보세요.

사실	질문	응답
데였을 때는 데인 부위의 열을 식혀요. 　열을 식히고 난 후에는 상처가 난 부위가 그냥 빨개지기만 하면 덴 곳을 소독해요. 　그리고 붕대를 감아 둬요.	데인 곳이 그냥 빨개지기만 하면 무엇을 하나요?	소독한다.
다음 날 붕대를 풀어 봤을 때 발그스름하기만 하고 아무 이상이 없으면 낫고 있는 중이에요. 　물집이 생겼으면 터뜨리지 말고 다시 붕대를 감아 둬요. 　물집이 점점 작아져 없어질 수도 있고 터질 수도 있어요. 　물집이 터지면 곪을 수 있으니까 그때는 병원에 가는 것이 좋아요.	물집이 생기면 어떻게 할까요?	붕대를 감아 둔다.
넘어져서 깨진 상처는 먼지나 흙 같은 것들이 많이 붙어 있어요. 　그대로 두면 세균이 들어가 곪을 수도 있어요. 　그러니까 물로 깨끗이 씻어 내야 해요.	깨진 상처에 흙이 묻어 있으면 어떻게 하나요?	물로 깨끗이 씻는다.

2 아래 글을 '중심 내용 결정하기와 종합하기'를 활용해 읽고, 적용 방법을 익혀 보세요.

화상

김민언 : 형! 손가락을 데었어!

김철언 : 어? 빨리 차가운 물로 열을 식혀야 해! 열이 식으면 엄마한테 치료해 달라고 해.

김민언 : 알았어. 휴! 살았다. 난 형이 있어서 좋아.

김철언 : 나도 좋아. 하지만 조심해야지. 알았지?

※ 데였을 때는 데인 부위의 열을 식혀요.

열을 식히고 난 후에는 상처가 난 부위가 그냥 빨개지기만 하면 덴 곳을 소독해요. 그리고 붕대를 감아 둬요.

다음 날 붕대를 풀어 봤을 때 발그스름하기만 하고 아무 이상이 없으면 낫고 있는 중이에요.

물집이 생겼으면 터뜨리지 말고 다시 붕대를 감아 둬요.

물집이 점점 작아져 없어질 수도 있고 터질 수도 있어요.

물집이 터지면 곪을 수 있으니까 그때는 병원에 가는 것이 좋아요.

넘어져서 깨진 상처

넘어져서 깨진 상처는 먼지나 흙 같은 것들이 많이 붙어 있어요.

그대로 두면 세균이 들어가 곪을 수도 있어요.

그러니까 물로 깨끗이 씻어 내야 해요.

그런 다음 상처를 소독하고 깨끗한 거즈를 붙여 둬요.

넘어져서 깨진 상처는 빨리 낫지 않아요.

그러면 치료약이 입혀진 거즈를 붙여 놓으면 나을 수도 있어요.

그래도 상처 난 자리가 질금질금 곪기 시작하면 병원을 가야 해요.

사실	질문	응답
데였을 때는 데인 부위의 열을 식혀요. 열을 식히고 난 후에는 상처가 난 부위가 그냥 빨개지기만 하면 덴 곳을 소독해요. 그리고 붕대를 감아 둬요.		
다음 날 붕대를 풀어 봤을 때 발그스름하기만 하고 아무 이상이 없으면 낫고 있는 중이에요. 물집이 생겼으면 터뜨리지 말고 다시 붕대를 감아 둬요. 물집이 점점 작아져 없어질 수도 있고 터질 수도 있어요. 물집이 터지면 곪을 수 있으니까 그때는 병원에 가는 것이 좋아요.		
넘어져서 깨진 상처는 먼지나 흙 같은 것들이 많이 붙어 있어요. 그대로 두면 세균이 들어가 곪을 수도 있어요. 그러니까 물로 깨끗이 씻어 내야 해요.		

3 아래 글을 읽고 '중심 내용 결정하기와 종합하기'를 활용하여 활동지를 완성해 보세요.

조금 베인 상처

칼에 베였다고 놀라서 보고만 있으면 안 돼요.

흘러나오는 피를 멎게 해야 하거든요.

손으로 꼭 누르고 있으면 오 분도 안 돼서 피가 멎게 돼요.

피가 멎으면 상처를 소독하고 반창고를 붙여 둬야 해요.

일주일만 붙여 두면 상처가 아물게 될 거예요.

손에 가시가 박혔어요

손에 가시가 박히면 어디에 박혔는지 살펴봐요.

가시가 손으로 잡을 수 있을 정도로 밖으로 나와 있으면 엄지손가락과 검지손가락 끝으로 살짝 잡아서 빼내요.

가시를 잘 빼냈으면 가시가 박혔던 곳을 소독해야 돼요.

혼자서 가시를 빼기 어려우면 엄마한테 빼 달라고 해요.

가시가 밖으로 아주 조금 나와 있으면 족집게로 빼내면 돼요.

깊이 박혔을 때는 끝을 불에 살짝 달구어 소독한 바늘로 살갗을 조금 떠서 빼내면 돼요.

하지만 이렇게 빼내면 꽤 아플 거예요.

가시를 빼내기는커녕 다른 상처를 만들 수도 있고 가시가 깊이 박혔을 때는 차라리 병원에 가서 빼는 것이 좋아요.

사실	질문	응답
칼에 베였다고 놀라서 보고만 있으면 안 돼요. 흘러나오는 피를 멎게 해야 하거든요. 손으로 꼭 누르고 있으면 오 분도 안 돼서 피가 멎게 돼요. 피가 멎으면 상처를 소독하고 반창고를 붙여 둬야 해요.		
손에 가시가 박히면 어디에 박혔는지 살펴봐요. 가시가 손으로 잡을 수 있을 정도로 밖으로 나와 있으면 엄지손가락과 검지손가락 끝으로 살짝 잡아서 빼내요.		
가시를 잘 빼냈으면 가시가 박혔던 곳을 소독해야 돼요. 혼자서 가시를 빼기 어려우면 엄마한테 빼 달라고 해요. 가시가 밖으로 아주 조금 나와 있으면 족집게로 빼내면 돼요.		

1. 칼에 베였을 때 상처에 무엇을 붙이면 될까요?

2. 손에 가시가 박혔을 때는 제일 먼저 무엇을 해야 할까요?

3. 가시가 밖으로 아주 조금 나와 있으면 무엇으로 빼면 될까요?

4 아래 질문을 통해 오늘 수업을 평가해 보세요.

1 사실을 알고 질문을 할 수 있습니다.

2 혼자서 질문을 만들 수 있습니다.

3 질문에 응답할 수 있습니다.

사실	질문	응답
데였을 때는 데인 부위의 열을 식혀요. 열을 식히고 난 후에는 상처가 난 부위가 그냥 빨개지기만 하면 덴 곳을 소독해요. 그리고 붕대를 감아 둬요.	열을 식히고 난 후에는 무엇을 해야 합니까?	빨개지기만 하면 덴 곳을 소독하고 붕대를 감아두죠.
다음 날 붕대를 풀어 봤을 때 발그스름하기만 하고 아무 이상이 없으면 낫고 있는 중이에요. 물집이 생겼으면 터뜨리지 말고 다시 붕대를 감아 둬요. 물집이 점점 작아져 없어질 수도 있고 터질 수도 있어요. 물집이 터지면 곪을 수 있으니까 그때는 병원에 가는 것이 좋아요.	물집이 생겼으면 해야 할까요? 어떻게	그대로 놔둔다.
넘어져서 깨진 상처는 먼지나 흙 같은 것들이 많이 붙어 있어요. 그대로 두면 세균이 들어가 곪을 수도 있어요. 그러니까 물로 깨끗이 씻어 내야 해요.	넘어져서 깨진 상처는 어떻게 해야 하까요? (치료법)	물로 깨끗이 씻어 낸다.

사실	질문	응답

칼에 베였다고 놀라서 보고만 있으면 안 돼요.
  흘러나오는 피를 멎게 해야 하거든요.
  손으로 꼭 누르고 있으면 오 분도 안 돼서 피가 멎게 돼요.
  피가 멎으면 상처를 소독하고 반창고를 붙여 둬야 해요.
	피가 멎으면 소독하고 무엇을 붙이나요?	반창고

손에 가시가 박히면 어디에 박혔는지 살펴봐요. 가시가 손으로 잡을 수 있을 정도로 밖으로 나와 있으면 엄지손가락과 검지손가락 끝으로 살짝 잡아서 빼내요.	가시가 집을 수 있는 정도라면 어떻게 하나요?	엄지와 검지손으로 살짝 잡아 빼낸다.

가시를 잘 빼냈으면 가시가 박혔던 곳을 소독해야 돼요.
  혼자서 가시를 빼기 어려우면 엄마한테 빼 달라고 해요.
  가시가 밖으로 아주 조금 나와 있으면 족집게로 빼내면 돼요.
	혼자 가시를 못 빼면 누구에게 부탁하나요?	엄마

① 칼에 베였을 때 상처에 무엇을 붙이면 될까요?

반창고

② 손에 가시가 박혔을 때는 제일 먼저 무엇을 해야 할까요?

어디에 박혔는지 살펴본다

③ 가시가 밖으로 아주 조금 나와 있으면 무엇으로 빼면 될까요?

족집게

3 심화 단계

전략을 활용한 국어 읽기

전략을 활용한 국어 읽기란?

국어 교과서의 학습 목표에 맞추어 지금까지 익힌 읽기 방법 전략을 활용하여 국어 교과서를 읽어 보는 활동이다.

이 부분은 국어 교과서의 수업 목표에 맞추어 관련 활동을 할 수 있도록 구성하였다. 각 관련 활동은 교과서 지문을 활용한다. 이때 내적 대화, 배경지식 활용하기, 질문하기, 추론하기, 중심 생각 결정하기, 요약하기 등의 다양한 전략 중 수업 목표를 실현할 수 있는 전략을 적절히 활용하여 학생들이 흥미를 가지고 적극적으로 읽을 수 있도록 구성하였다. 따라서 학생들은 이 활동을 통해 교과서를 자주적이며 능동적으로 읽는 습관을 형성하게 될 것이다.

교과 관련 단원

- 초등학교 1학년 2학기 국어 읽기 1단원 〈즐거운 마음으로〉
- 초등학교 1학년 2학기 듣기·말하기 〈즐거운 마음으로〉
- 초등학교 1학년 2학기 쓰기 〈즐거운 마음으로〉

학습 목표

- 초등학교 1학년 2학기 국어 읽기 1단원 〈즐거운 마음으로〉
  - 흉내 내는 말의 느낌을 살려 시를 읽고, 떠오른 생각을 그릴 수 있다.
  - 그림 동화를 읽고, 자신의 경험과 연결시켜 일기를 쓸 수 있다.
  - '시간을 나타내는 말'을 알고, '이어 주는 말'로 일이 일어난 차례를 안다.

전략을 활용한 시 읽기

1 다음 시 〈비누 방울〉을 읽고 물음에 답해 보세요.

비누 방울

최태호

비누 방울 날아라.
바람 타고 동동동.
구름까지 올라라.
둥실둥실 두둥실.

비누 방울 날아라.
지붕 위에 동동동.
하늘까지 올라라.
둥실둥실 두둥실.

① '내적 대화'를 활용하여 떠오르는 생각을 적어 보세요.

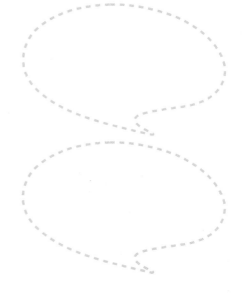

② 흉내 내는 말을 살려서 앞의 시를 읽고, 떠오른 생각을 그려 보세요.

2 아래 글을 읽고 답해 보세요.

"민언아! 오늘은 엄마 생일이야! 우리 깜짝 파티 할까?

"좋아요."

"그럼 문방구에 가서 풍선 사 올래?"

"네!"

민언이는 아빠가 주신 동전을 주머니에 넣었어요.

그리고 아파트 마당을 나와서 신나게 뛰었어요.

"민언아! 뛰면 다쳐! 조심해야지."

석신이 할머니가 걱정스럽게 말씀하셨어요.

"그럼, 살금살금 고양이처럼 걸을까요? 이렇게요?"

민언이는 고양이 흉내를 냅니다.

할머니는 고양이 흉내를 내는 민언이를 보면서 웃어요.

골목 안 석신이네 강아지 해피 흉내도 냈어요.

"멍멍!"

할머니가 또 웃어요.

하지만 해피는 민언이가 자기 목소리를 흉내 내는 것도 듣지 못하고 잠만 쿨쿨

자고 있어요.

골목 끝에서 주인 잃은 머리핀을 주웠어요.

강아지와 고양이가 안고 있는 모양이에요.

'누구 것일까?'

민언이는 머리핀이 석신이 동생 수민이 것이란 것을 알았어요.

그래서 석신이네 집으로 갔어요.

"수민아! 이거 네 것 맞지?"

"응 오빠 고마워. 참, 오빠 나 닌텐도 샀는데 우리 같이 놀까?"

"정말? 그래 놀자."

민언이는 아버지의 심부름도 잊고 늦게까지 석신이네 집에서 놀았어요.

① 여러분이 가장 기억에 남는 심부름은 무엇이었나요?

_____

② 친구의 심부름 이야기도 들어 보세요.

_____

③ 나와 친구의 비슷한 점은 무엇인가요?

_____

④ 나와 친구의 다른 점은 무엇인가요?

_____

⑤ 자신의 경험을 바탕으로 일기를 써 보세요.

_____

_____

_____

3 아래 글을 읽고 답해 보세요.

옛날에 게으른 총각이 살았어요.

그는 꽃피는 봄에 밭에다 콩을 심었어요.

그런데 게을러서 여름 내내 밭을 가꾸지 않았어요.

가을이 되었어요.

총각은 밭에서 콩 한 자루만 수확했어요.

'어떡하면 좋아……'

총각은 겨울을 지낼 생각에 걱정이 태산이었어요.

그래서 콩 한 자루를 가지고 시장에 갔어요.

그러나 아무도 콩을 사 가는 사람이 없었어요.

총각은 그때서야 눈물을 흘리며 게으름 피운 것을 후회했어요.

---

① '시간을 나타내는 말'을 찾아보세요.

....

② '이어 주는 말'을 찾아보세요.

....

③ 일이 일어난 차례대로 친구들에게 이야기해 보세요.

....

④ 친구의 이야기를 듣고, 자기 입말로 다시 말해 보세요.

....

 교사는 위의 두 활동에 어떤 전략이 숨어 있는지 학생과 함께 찾아본다.

1 다음 시 〈비누 방울〉을 읽고 물음에 답해 보세요.

비누 방울

최태호

비누 방울 날아라.
바람 타고 동동동.
구름까지 올라라.
둥실둥실 두둥실.

비누 방울 날아라.
지붕 위에 동동동.
하늘까지 올라라.
둥실둥실 두둥실.

---

1 '내적 대화'를 활용하여 떠오르는 생각을 적어 보세요.

어린이들이 좋아
한다

비누방울이
떠오른다

바람이 분다

지붕위에 비누
방울이 있다.

② 흉내 내는 말을 살려서 앞의 시를 읽고, 떠오른 생각을 그려 보세요.

2 아래 글을 읽고 답해 보세요.

"민언아! 오늘은 엄마 생일이야! 우리 깜짝 파티 할까?
"좋아요."
"그럼 문방구에 가서 풍선 사 올래?"
"네!"
민언이는 아빠가 주신 동전을 주머니에 넣었어요.
그리고 아파트 마당을 나와서 신나게 뛰었어요.

"민언아! 뛰면 다쳐! 조심해야지."
석신이 할머니가 걱정스럽게 말씀하셨어요.

"그럼, 살금살금 고양이처럼 걸을까요? 이렇게요?"
민언이는 고양이 흉내를 냅니다.
할머니는 고양이 흉내를 내는 민언이를 보면서 웃어요.

골목 안 석신이네 강아지 해피 흉내도 냈어요.
"멍멍!"
할머니가 또 웃어요.
하지만 해피는 민언이가 자기 목소리를 흉내 내는 것도 듣지 못하고 잠만 쿨쿨
자고 있어요.

골목 끝에서 주인 잃은 머리핀을 주웠어요.
강아지와 고양이가 안고 있는 모양이에요.

'누구 것일까?'
민언이는 머리핀이 석신이 동생 수민이 것이란 것을 알았어요.
그래서 석신이네 집으로 갔어요.

"수민아! 이거 네 것 맞지?"

"응 오빠 고마워. 참, 오빠 나 닌텐도 샀는데 우리 같이 놀까?"

"정말? 그래 놀자."

민언이는 아버지의 심부름도 잊고 늦게까지 석신이네 집에서 놀았어요.

① 여러분이 가장 기억에 남는 심부름은 무엇이었나요?

물을 가지고 오라고 해서 기분이 나빴다.

② 친구의 심부름 이야기도 들어 보세요.

슈퍼에서 두부 사오기, 컴퓨터 키라고 시키기

③ 나와 친구의 비슷한 점은 무엇인가요?

심부름(시키는 것)

④ 나와 친구의 다른 점은 무엇인가요?

시키는 종목이 다르다.

⑤ 자신의 경험을 바탕으로 일기를 써 보세요.

〈화가 난 심부름〉 나는 오빠와 게임을 하고 있었다. 근데 오빠가 나에게 물을 가지고 오라고 했다. 나는 그 순간 화가 났다. 왜냐하면 만약 내가 오빠의 누나라면 오빠가 화나는 것이기 때문이다 그때가 정말 화가 났다. 그때 나는 오빠에게 시키고 싶었지만 난 동생이니까...

3 아래 글을 읽고 답해 보세요.

옛날에 게으른 총각이 살았어요.
그는 꽃피는 봄에 밭에다 콩을 심었어요.
그런데 게을러서 여름 내내 밭을 가꾸지 않았어요.
가을이 되었어요.
총각은 밭에서 콩 한 자루만 수확했어요.
'어떡하면 좋아…….'
총각은 겨울을 지낼 생각에 걱정이 태산이었어요.
그래서 콩 한 자루를 가지고 시장에 갔어요.
그러나 아무도 콩을 사가는 사람이 없었어요.
총각은 그때서야 눈물을 흘리며 게으름 피운 것을 후회했어요.

1) '시간을 나타내는 말'을 찾아보세요.

옛날, 봄, 여름, 가을, 겨울

2) '이어 주는 말'을 찾아보세요.

그런데, 그래서, 그러나

3) 일이 일어난 차례대로 친구들에게 이야기해 보세요.

4) 친구의 이야기를 듣고, 자기 입말로 다시 말해 보세요.

전략을 활용한 바른 생활 읽기

전략을 활용한 바른 생활 읽기란?

바른 생활은 학생들이 어른으로 성장하는 데 필요한 기본 몸가짐과 행동을 가르치는 교과이다. 그래서 학습적인 정보도 중요하지만, 몸으로 익히는 것도 중요하다. 이 활동은 이런 특징을 바탕으로 '바른 생활 읽기'에 접근해서 교과에 맞는 학습 목표와 전략을 활용해 보겠다. 그러면 학생들이 주변의 사물을 활용하는 능력이 향상될 것이다.

교과 관련 단원

- 바른 생활 : 1학년 2학기 2단원 〈차례를 지켜요〉
- 생활의 길잡이 : 1학년 2학기 3단원 〈차례를 지켜요〉

학습 목표

- 교통질서에 대해서 안다.
- 교통 표지판을 그려 볼 수 있다.

1 뒤 페이지의 글을 읽기 전에 먼저 질문에 대한 '자기 생각'을 쓰고, 글을 읽고 '정답'을 쓰니다.

교통질서에 대해 얼마나 알고 있나요?

질문	정답	자기 생각
예) 보행자는 어떤 길로 갑니까?	보행자 전용도로	보행자 전용도로에서 걷지 않으면 위험하기 때문입니다.
자동차는 어떤 길로 갑니까?		
자전거를 타는 사람은 어떤 길로 가야 합니까?		
길을 건널 때는 어디로 건너야 합니까?		
전철을 탈 때는 어떻게 해야 합니까?		
버스에서 넘어지지 않으려면 무엇을 잡아야 합니까?		

교통안전에 대해서 생각해 봅시다.

길을 걷는 보행자는 인도로 걸어야 합니다.
인도로 걷지 않고, 차도나 자전거 전용도로로 걸으면 위험합니다.
그래서 보행자는 인도로 걸어야 합니다.

차도는 자동차나 다른 차량들이 다니는 길입니다.
보행자는 차도로 절대 걸어서는 안 됩니다.
자동차가 속도를 내서 달리면 미처 피하지 못해서 사고를 당할 수도 있기 때문입니다.
그러나 골목길 같이 좁은 도로에서는 사람과 차들이 서로 같이 다녀야 합니다.
그럴 때에는 보행자도 조심하고, 자동차도 서행을 해야 합니다.
그렇게 해야만 서로가 안전합니다.

자전거를 타는 사람은 자전거 전용도로를 이용해야 합니다.
여러분도 자전거를 탈 때 반드시 자전거 전용도로를 이용하세요.

길을 건널 때에는 횡단보도로 건너야 합니다.
신호등이 있는 건널목에서는 파란불이 켜지면 건너고, 빨간불이 켜지면 멈추어서 기다려야 합니다.
신호등이 없는 건널목에서는 양쪽의 차들이 모두 멈추어 설 때 건너야 합니다.
건널 때에는 손을 들어서 운전자들에게 주의하라는 신호를 보냅니다.

전철을 탈 때는 차가 완전히 멈출 때까지 기다립니다.
뛰어다니거나 다른 사람을 밀치는 장난은 아주 위험합니다.
문이 열리면 차례차례 줄을 서서 탑니다.
전철 안에서 장난을 치거나 떠들어서는 안 됩니다.
전철 안은 우리만 있는 것이 아니기 때문에 여러 사람을 배려해야 합니다.
그래서 목적지까지 조용히 갑니다.

버스를 탈 때에도 차가 완전히 멈추면 차례차례 탑니다.
버스에 타서 자리에 앉지 못하면 손잡이를 꼭 잡고 있어야 안전합니다.
그렇지 않으면 차가 갑자기 멈출 때 몸을 가눌 수가 없기 때문입니다.

교통안전에 대해서 알아보니까 그렇게 어렵지 않지요?
어린이 여러분은 잘할 수 있겠죠?

② '새롭게 배운 것'에 '궁금한 점'이 있으면 아래를 완성해 보세요.

번호	새롭게 배운 것	궁금한 점
예	자전거가 다니는 길이 따로 있다는 것을 알았다.	그러면 롤러블레이드 도로도 있을까?
1		
2		
3		
4		

3 앞의 글을 읽으면서 어려운 단어는 무엇인가요?

....

....

....

....

4 앞의 글을 읽으면서 중요한 단어는 무엇인가요?

....

....

....

....

5 앞의 글을 읽으면서 중요한 문장을 뽑았습니다. (   ) 안을 채워 보세요.

길을 걷는 보행자는 (   )로 걸어야 합니다.

(   )는 자동차나 다른 차량들이 다니는 길입니다.

보행자는 차도로 절대 걸어서는 안 됩니다.

자전거를 타는 사람은 (   )를 이용해야 합니다.

길을 건널 때에는 (   )로 건너야 합니다.

(   )을 탈 때는 차가 완전히 멈출 때까지 기다립니다.

(   )를 탈 때에도 차가 완전히 멈추면 차례차례 탑니다.

6 앞의 글에 제목을 지어 보세요.

7 교통 표지판에 대해서 아는 대로 그려 보세요.

8 완성된 표지판을 가지고 친구들과 이야기해 보세요.

2 '새롭게 배운 것'에 '궁금한 점'이 있으면 아래를 완성해 보세요.

번호	새롭게 배운 것	궁금한 점
예	자전거가 다니는 길이 따로 있다는 것을 알았다.	그러면 롤러블레이드 도로도 있을까?
1	차도에 자동차가 다닌다는 것을 알게 되었다.	그럼 지도에는 지하철이 다니는 걸까?
2	전철이 있다는 것을 알게 되었다.	전철은 무엇으로 움직이는 걸까?
3	골목 길은 사람과 차가 같이 다닌다는 것을 알게 되었다.	골목 길은 왜 인도가 없을까?
4	자전거 도로가 차도 옆에 있다는 것을 알게 되었다.	또 무슨 도로가 차도 옆에 있을까?

3 앞의 글을 읽으면서 어려운 단어는 무엇인가요?

전철

4 앞의 글을 읽으면서 중요한 단어는 무엇인가요?

인도, 차도, 자전거 전용 도로, 횡단보도

5 앞의 글을 읽으면서 중요한 문장을 뽑았습니다. (   ) 안을 채워 보세요.

길을 걷는 보행자는 (인도)로 걸어야 합니다.

(차도)는 자동차나 다른 차량들이 다니는 길입니다.
보행자는 차도로 절대 걸어서는 안 됩니다.

자전거를 타는 사람은 (자전거 전용 도로)를 이용해야 합니다.

길을 건널 때에는 (횡단보도)로 건너야 합니다.

(전철)을 탈 때는 차가 완전히 멈출 때까지 기다립니다.

(버스)를 탈 때에도 차가 완전히 멈추면 차례차례 탑니다.

6 앞의 글에 제목을 지어 보세요.

어디로   다녀야   할까?

7 교통 표지판에 대해서 아는 대로 그려 보세요.

8 완성된 표지판을 가지고 친구들과 이야기해 보세요.

세 번째

심화

전략을 활용한 슬기로운 생활 읽기

전략을 활용한 슬기로운 생활 읽기란?

슬기로운 생활은 교과에서 제시하고 있는 과학 원리나 정보를 전략을 활용하여 학생들 스스로 적극적으로 탐구하고 분석할 수 있도록 돕는 활동이다.

이 수업은 학생들이 정보를 얻기 위해 단계적으로 사고할 수 있도록 구성하였다. 먼저 어린이들이 학습하게 될 내용에 대하여 자신이 알고 있던 내용이나 궁금한 내용을 확인한다. 다음은 다양한 자료를 제시하고, 그 속에서 전략을 활용하여 중요하고 필요한 정보를 찾을 수 있도록 한다. 마지막으로 자신이 알고 있던 정보 중 잘못된 정보는 수정하고 부족한 정보는 보완하면서 교과서에서 목표로 하는 교육 내용을 익히도록 한다.

🔍 교과 관련 단원

● 초등학교 1학년 2학기 슬기로운 생활 2단원 〈우리 몸〉

🔍 학습 목표

● 나와 친구들의 모습을 살펴보고 같은 점과 다른 점을 알아본다.

1 아래 글을 읽고 표를 완성해 보세요.

우리의 뇌는 1킬로그램이 조금 넘는 끈적끈적하고 물렁물렁한 덩어리입니다.

이 덩어리가 우리 몸에서 가장 중요한 기관입니다. 뇌는 목 위 머리뼈 속에 자리 잡고 있으며 우리의 모든 행동을 감독하고 통제합니다.

생각하고, 느끼고, 말하고, 움직이고, 단순히 생명을 유지하는 것 같은 모든 일들이 뇌의 지배를 받습니다.

뇌는 하루 24시간 꼬박 일을 합니다. 뇌는 살아 있는 '생명 유지 장치'라고 할수 있습니다. 우리 뇌에서 가장 큰 대뇌는 왼쪽과 오른쪽으로 나뉩니다. 그것을 좌뇌와 우뇌라고 합니다. 좌뇌는 우리 몸의 오른쪽을 담당하고 우뇌는 우리 몸의 왼쪽을 담당합니다. 좌뇌는 말하고, 이해하고, 특별한 규칙에 이용됩니다. 우뇌는 그림을 그리면서 생각합니다. 그래서 등굣길 약도를 그릴 때는 먼저 등굣길에서 보았던 배경들을 머릿속으로 그림을 그려 생각합니다.

우리는 뇌에 대해 얼마나 알고 있나요?

질문	응답
1. 우리 몸에서 가장 중요한 기관은 무엇인가요?	
2. 우리의 뇌는 몇 시간 일을 할까요?	
3. 왼쪽에 있는 뇌의 이름은 무엇인가요?	
4. 오른쪽에 있는 뇌의 이름은 무엇인가요?	

2 아래 글을 읽고 요약해 보고 그림을 그려 보세요.

> 뇌가 우리에게 정보를 주는 것은 뉴런(신경세포) 때문입니다.
>
> 　뉴런은 작은 문어와 같은 모양이지만 다리가 훨씬 많습니다. 다리가 수천 개에 이르는 것도 있습니다. 뇌의 여러 부분에서 뉴런들은 우리가 움직이고, 듣고, 보고, 느끼고, 맛보고, 냄새 맡고, 기억하고, 생각할 수 있도록 해 주는 신호를 뇌에 전달하고 있습니다.

① 요약하기

> 뇌가 우리에게 정보를
>
> 　
>
> 뇌의 여러 부분에서

② 그려 보기

 학생이 그림을 그리고 난 후에 교사는 확대된 뉴런의 모습을 보여 준다.

3 아래 빈칸에 뉴런이 어떤 일을 하는지 표를 완성해 보세요.

뉴런이 하는 일	신체기관	신체기관에서 하는 일
보고 예) 눈에 들어온 사물을 뇌에 신호를 보낸다.	눈	사물을 눈으로 볼 수 있다.
맡고		
맛보고		
듣고		

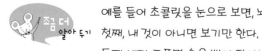

예를 들어 초콜릿을 눈으로 보면, 뇌에 정보를 전달한다,

첫째, 내 것이 아니면 보기만 한다,

둘째, 배가 고프면 손을 뻗어 집어서 먹는다,

셋째, 배가 부르면 더 먹을까 그만 먹을까 생각한다, 등…

이와 같이 신경계는 뇌에서 발가락 끝까지 뉴런으로 그물 모양을 이룬다,

4 나와 친구의 모습을 살펴보고 같은 점과 다른 점을 알아보세요.

같은 점	
예	얼굴에 눈, 코, 입, 귀가 있다.
다른 점	
예	친구의 눈은 크고, 나의 눈은 작다. 그리고 친구의 머리카락 색깔은 짙은 갈색이고, 나의 머리카락 색깔은 옅은 갈색이다.